KB063209

101살 할아버지의

마지막 인사

101살 할아버지의
마지막 인사

벤자민 페렌츠 with 나디아 코마미

조연주 옮김

양철북

지금까지 사는 동안 나는
그전에는 불가능했던 많은 것들이
결실을 맺는 것을 보아왔기에,
또 다른 불가능을 위해
애써보기로 마음먹었다.
직접 보는 것들은 믿을 수가 있다.
내 이야기가 다른 이들에게
어떤 영감을 줄 수 있기를 바란다.

벤자민 페렌츠

서문

나는 종종 그에게 묻곤 한다. 어쩌면 늘 그렇게 활기찰 수 있냐고. 그러면 벤 페렌츠는 대답한다. '속으로 울고 있을수록 겉으로는 웃어 보여야 해. 슬픔에 빠져 있어봤자 아무 소용이 없어.'

그전의 나에게 역사는 학교에서 본 흑백영화의 스틸 컷이나 책을 읽고 난 후의 감상 같은 것이었다. 전쟁과 파괴, 그리고 재건과 같은 이미지들은 우리 일상과는 멀리 떨어져 있었다. 하지만 지금의 세계를 만드는 데 일조한 주인공들이 언제나, 선이 악을 이기기 전 지난 시대의 상상 속 인물들이기만 한 것은 아니다.

내가 처음 벤을 보게 된 건 정말 우연이었다. 어느 저녁, 미국의 뉴스 채널을 돌려보다가, 한 보도에서 그를 보았다. 당시 런던 〈가디언〉지 기자였던 나에게 그의 이야기는 무척이나 흥미로웠다. 그에 대해 알아본 나는 그가 얼마나 중요한 사람인지, 또 그의 지식이 얼마나 깊이 있는 것인지

깜짝 놀랐다.

　일부만 복구된 뉘른베르크의 정의궁Palace of Justice(한때 매년 나치 전당대회가 열렸던 장소) 주 법정을 촬영한 영상에서 나는 단호하고 의연한 스물일곱 살의 검사장 벤을 볼 수 있었다. 작은 몸은 높은 목재 연단에 가려져 있었지만, 그는 역사상 가장 규모가 큰 살인 사건에 대한 재판을 열고 있었다. 피고석에서는, 백만 명이 넘는 유대인과 소수자들의 죽음에 책임이 있는 나치의 학살부대 '아인자츠그루펜Einsatzgruppen'의 부대원 스물두 명이 그를 쏘아보고 있었다.

　그 장면이 어째서 내 마음을 움직였는지는 모르겠지만, 나는 문득 그에게 전화를 걸고 싶어졌다. 어쩌면 70년 전 재판정에 섰던 그와 그때의 내가 같은 나이였기 때문이었는지도 모르겠다. 아니면 뉴스가 원래 그런 것일 수도. EU 탈퇴를 위한 영국의 찬반 투표에서부터 TV 리얼리티 쇼의 주인공을 45대 대통령으로 선출하는 미국, 그리고 중동 전역을 휩쓸고 있는 내전에 이르기까지, 전후의 세계 질서는 급속도로 흐트러지고 있는 듯 보였다. 혹은, 막 실연의 아픔을 겪어내고 있던 나에게, 전쟁이나 테러 같은 큰 문제들 앞에서 내 연애사 따위는 아무것도 아니라는 사실을 상기시켜줄 누군가가 필요했는지도 몰랐다.

나는 벤에게 연락을 취했고 마침내 전화가 연결되었다.
사실 근엄하고 어딘가 어두운 사람이리라 짐작했으나, 그가
얼마나 공감 능력이 뛰어난지, 또 얼마나 매력적인 사람인지
나는 금세 알 수 있었다. 백한 살이 된 그는 지금도 여전히
재치가 뛰어난 데다, 일평생 참혹한 사건들을 목도했음에도
농담을 잘하고 순발력이 뛰어나다.

　몇 분이 채 지나지 않아 그가 사람들에게 크게 영향을
미치는 사람임을 분명히 알 수 있었다. 우리의 대화는
〈가디언〉지 특집 인터뷰 꼭지로 이어졌고, 이 기사는
그날 신문에 실린 내용들 중 가장 큰 주목을 받았다. 요즘
같은 시대에 좀처럼 없는 일이지만, 사람들은 이 기사를
끝까지 다 읽었다. 기자 생활 5년 동안 이보다 더 긍정적인
피드백을 받아본 적이 없었다. 벤의 이야기가 얼마나
감동적이었는지, 전 세계, 전 세대 독자들이 나에게 연락을
해왔다.

　앞으로 이어질 이야기들은, 몇 달에 걸쳐 벤과 내가 나눈
대화의 결과이다. 쉬지 않고 그에게 말을 걸고 이야기를
끌어낸 것은, 물론 더 많은 사람들이 그의 이야기를 들을 수
있도록 하기 위해서였지만, 벤에게 연락을 이어나간 것은
무엇보다 개인적인 욕심에서였다. 그는 정말로 다정하고
유쾌한 사람인 데다 언제나 훌륭한 조언을 해주었기

때문이다.

　"오늘은 좀 슬픈 날이에요, 베니." 가끔 그렇게
말할라치면, 그는 이렇게 대답하곤 했다. "이런, 무슨
일인지는 모르겠지만 자네는 더 나쁜 상황도 틀림없이
극복해냈을 거야."

벤에게는 아주 비범한 능력이 있었는데, 그는 지금까지
자신이 만난 사람들의 풀 네임부터 특정한 어떤 날의
날씨까지, 모든 에피소드를 아주 세세하게 기억하고 있었다.
이렇게 결국 책으로 묶게 되었지만, 처음에 이런 대화를
제안하고 그를 설득하기까지는 시간이 좀 걸렸다. 그는
말했다. "내가 얼마나 바쁜지 자넨 상상도 못 할 거야.
지금 내 꼴이 어떤지 돌아볼 겨를도, 심지어 죽을 시간도
없다니까." 그는 줄곧 시간을 낼 수 없다고, 또 나는 계속
그리 오래 걸리지 않을 거라고 서로 고집을 부리며 우리는
한참 동안 실랑이를 벌였다. 그렇게 45분쯤 지나자 그가
드디어 얼굴을 찌푸리며 말했다. "어이쿠, 자네 이러다 정말
사람 잡겠구먼."

　그와 알고 지내게 되면서 무엇보다 인상적이었던 것은,
우리 두 사람 사이에 공통점이 꽤 많다는 사실이었다.
그와 나 사이에는 대서양뿐 아니라 70년이라는 긴 시간이

가로놓여 있음에도 말이다. 우리 두 사람 모두 어린 나이에 이민을 가, 서로 다른 문화, 서로 다른 대륙 사이에 낀 채 거친 동네에서 자랐다. 우리는 친구를 사귀면서, 또 영화 자막을 보면서 스스로 언어를 깨쳤다. 공부는 열심히 했지만, 규칙과 규정을 따르지는 않았다. 직계가족 가운데 처음으로 대학을 다녔고, 뒤처지지 않기 위해서는 더 열심히, 더 많이 공부해야 한다는 것을 대학교에 입학하자마자 깨달았다. 우리는 둘 다 법을 공부했고, 수영을 좋아했으며, 도무지 유머라고는 없는 곳에서 유머를 찾아냈다. 심지어 생일도 같았다. "어떤 안 좋은 일로든 내 생일을 망치진 말아야 할 거야." 내가 그 얘기를 꺼낼 때마다 비록 그는 그렇게 주의를 주었지만 말이다.

〈가디언〉지에 실린 사진 속, 파란색 반바지에 멜빵을 하고 플로리다 델레이 비치의 주택가를 거닐고 있는 벤은 무척이나 유쾌해 보인다. 뒷짐을 진 채, 태양을 등지고 선 그는 입가에 웃음을 띠며 안경 너머로 멀리 앞쪽을 바라보고 있다. 얼핏 보면 다정한 이웃 할아버지처럼 보인다. 주말이나 휴일에 한 번씩 찾아가는 그런 할아버지 말이다. 정원에서는 간혹 오리들이 꽥꽥거리는 소리가 들려올지도 모르겠다.

하지만 벤은 그런 평범한 사람이 아니다.

국제형사재판소의 검사장인 파토우 벤소우다는 그를

'국제형사재판의 아이콘'이라 일컬었으며, 법에 있어서
벤의 업적을 다룬 넷플릭스 다큐멘터리 〈악마를 기소하다
Prosecuting Evil: The Extraordinary World of Ben Ferencz〉를 만든
배리 애브리치 감독은 그를 우리 시대에 가장 상징적인
인물 중 한 사람이라고 했다.

　이 책에서 이어질 이야기는 모두 벤 자신의 놀라운 삶을
통해 깨달은 것들에 대한 것이므로, 먼저 그의 이력을
간단하게 정리해보아야겠다. 그는 제2차 세계대전 중
유럽에서 벌어진 모든 주요 전투에서 살아남은 공로로
미 국방부에서 다섯 개의 종군 기념 청동 성장星章을 받았다.
노르망디 해안에 상륙해서 마지노 선¹과 지그프리트 선²에서
독일군의 방어선을 뚫었으며, 레마겐 지역을 통해 라인강을
건너고³, 벨기에 바스토뉴의 벌지 전투⁴에도 참가했다.

---

1 제1차 세계대전 후 프랑스가 독일과의 국경에 구축한 방어선. 건설을
　　제안한 육군 장관 앙드레 마지노의 이름을 따서 지었다. 막대한 돈을
　　들여 난공불락의 요새를 만들었지만 독일이 이를 우회해 프랑스를
　　침공하면서 전쟁에 사용된 일은 거의 없었다. 오늘날에는 관용적으로
　　'최후의 보루, 넘을 수 없는 선'을 뜻하는 말로 쓰인다.
2 제2차 세계대전 직전에 프랑스 마지노 선에 대항해 만든 독일 방어선.
　　북쪽 네덜란드에서부터 남쪽 스위스까지 600킬로미터에 이르는 독일
　　국경을 따라 콘크리트 참호, 지뢰밭, 대전차 방어물, 철조망 들로 지었다.

1944년 조지 S. 패튼 장군[5]이 제3군 사령부로 전출되면서 벤은 전범부를 신설하는 업무를 맡았다. 부헨발트, 마우트하우젠, 플로센뷔르크, 에벤제 같은 강제수용소가 해방되는 모든 현장에, 적어도 그 직후에는 언제나 그가 있었다. 나치의 범법 행위를 증명할 증거를 찾아 법정에 제출하기 위해서였다. 벤은 직접 얕은 무덤을 파서 시신을 찾아냈다. 때로 그의 손은 맨손이었다. 그는 지금까지도 끊임없이 눈앞에 나타나는 절대적인 공포의 장면들을 목격했다.

미국이 베트남 전쟁에 휘말리자, 벤은 개인적인 일들을 그만두고 평화를 위해 헌신하기로 결심한다. 그는 국제적인 사법기구에 대한 견해를 피력하는 책을 여러 권 썼으며, 이후 이 책들은 국제형사재판소ICC 설립의 기초가 되었다. 그는 또한 이스라엘과 서독 간의 배상금 협상에 참여하여 홀로코스트 생존자들의 재산을 돌려주는 데 앞장서기도 했다.

---

3 제2차 세계대전 말기에 공격을 한 미국군이 최초로 라인강을 건넌 지점.
4 제2차 세계대전 당시 독일군 최후의 대반격으로 서부 전선에서 벌어진 연합군과의 전투.
5 제2차 세계대전 당시 북아프리카, 시실리, 프랑스, 독일에서 전투를 지휘한 미국의 육군 대장. 노르망디 상륙 작전에서 큰 활약을 했다.

이러한 벤의 경력은 70년도 넘는데, 일생 동안 그는 누구보다 많은 것을 목격했다. 그의 삶은 말 그대로 '개천에서 용 난' 스토리의 전형이라 할 수 있다. 트란실바니아의 유대인 가정에서 태어난 그는 생후 9개월에 가족과 함께 뉴욕 맨해튼의 우범 지구인 헬스 키친으로 이주했으며, 하버드 로스쿨에서 장학금을 받기까지 가난에서 벗어나기 위해 누구보다 부지런히 일해야 했다.

그간의 업적으로 그는 많은 상을 받았으며, 2014년에는 하버드 로스쿨에서 수여하는 자유훈장을 받았다. 홀로코스트 메모리얼 박물관의 대량 학살 방지 센터에 수백만 달러를 기부하는 등, 그는 자신의 자리에서 할 수 있는 일들을 계속해나가고 있다. 대량 학살과 전쟁 범죄, 인도에 반하는 죄crimes against humanity[6]를 기소할 수 있는 국제법을 제정하기 위해 그가 쏟은 노력은 실로 놀랍기만 하다. 그는 말한다. "명예 따윈 관심 없습니다. 유산도 재산도 필요 없어요. 내 전부를 내놓을 겁니다. 나는 무일푼으로 태어나 아주 가난한 어린 시절을 보냈습니다.

---

6 제2차 세계대전 뒤에 새로 생긴 전쟁 범죄의 개념으로, 일반 시민에 대한 살육·집단 살해·노예적 혹사·추방 따위 비인도적 행위나 정치·인종·종교적 이유에 의한 박해 행위를 한 죄를 일컫는다.

그리고 이제 그것들을 모두 돌려주려 합니다."

이 신사는 쉬는 법이 없다. 넷플릭스 다큐멘터리를 홍보하기 위해 로스앤젤레스로 떠나기 전 어느 주말, 나는 그에게 서로 삶을 바꾸어보지 않겠냐고 했다. "선생님은 햇살이 눈부신 할리우드로 떠나는데 저는 비 내리는 런던에 있으니 말이에요." 그렇게 투덜거리자, 그는 특유의 호탕한 웃음을 터뜨리며 당장이라도 그렇게 하자고 했다.

그러고는 말을 이었다. "언젠가 홀로코스트 메모리얼 박물관을 위해 영화 홍보 투어를 한 적이 있어. 뉴욕을 시작으로 워싱턴, LA, 샌디에이고, 그리고 시카고까지 갔지. 그런데 거기서 쓰러지고 말았어. 깨고 보니 병원이더라고. 마음이 놓이더군. 작은 병실 벽에 커다란 십자가가 걸려 있고, 그 아래 '시카고 부활회'라고 적혀 있었거든. 나는 논리적인 사람이니까, 만약 부활한 거라면 내가 죽었던 게 틀림없다고 생각한 거지. 거기서 2주를 보냈어."

그의 마음속 깊은 곳엔 언제나 '죽음'과 '죽는다는 것'에 대한 생각이 자리하고 있다. 내가 안부를 물을 때마다 그는 답하곤 한다. "이보다 더 좋은 순 없을 거야. 왜 그런지 아나? 언제라도 지금 같지 않을 수 있다는 걸 알기 때문이지."

벤과 같은 생각으로 살아가는 사람은 이제 더는 없을 것이다. 뉘른베르크 법정의 유일한 생존 검사로서, 상식이 살인을 이기기를 간절히 바라는 이들을 위해 그는 '전쟁이 아닌 법'이라는 슬로건을 내세운다. 어떤 대화를 해도, 어떤 연설을 해도, 그의 말은 이 슬로건으로 끝이 난다. 이 때문에도 벤은 더욱 공정한 현실을 위해 항상 싸우는 진정한 세계의 양심이라고 일컬어진다. 아들 도널드에 따르면 심지어 가족이 식사하는 자리마저도 이런 질문으로 시작한다는 것이다. "오늘 너는 인류를 위해서 무엇을 했지?"

"내가 얼마나 운이 좋았는지, 나는 늘 잊지 않고 있어요. 가난한 부모에게서 가난하게 태어났고, 큰 전투를 모두 겪었지만 참혹한 전쟁에서 살아남았죠. 멋진 파트너를 만났고 네 아이들을 충분히 가르쳤습니다. 게다가 지금도 아주 건강합니다. 무엇을 더 바랄 수 있겠습니까. 집을 나서면서, 그리고 또 집으로 돌아가면서, 나는 언제나 내 삶에서 축복받은 것들을 헤아려보곤 합니다."

뉴스 에디터인 나는 매일같이 부정적인 헤드라인을 마주한다. 세상은 점점 더 황폐해지고 있는 듯하다. 민족주의적 정서의 흐름은 전혀 약해질 기미가 보이지 않는다. 이른바 자유세계의 지도자들은 전쟁의 북을 울리는 자문가들에 둘러싸인 채 일방주의를 조장하고, 베이루트에서부터 홍콩, 파리에 이르기까지 유혈 항쟁이

거세지고 있다. '그들 대對 우리'라는 접근 방식이 공감
능력을 약화시키고 타협을 불가능하게 만들면서 문화전쟁은
점점 더 커져가고, 현대사회는 그 전쟁터가 되어가고 있다.
이것은 기존의 경제체제가 불평등과 부패를 낳으면서,
독재정권이 헌법 체계와 제도를 위반하고 소수집단이 다른
소수집단과 싸우게 만들어서 벌어지는 일이다. 공정과
관용 같은, 당연한 것으로 여겨지던 가치와 이상 들이 점점
더 위태로워지고 있다. 벤과 같은 목소리가 어느 때보다
절실하다.

　그런데도 가끔씩 이 작업이 늘어지곤 했는데, 그건 모두
내가 너무 바쁘거나, 나와 다른 시간대에 살고 있는 친구에게
전화하는 것을 깜빡하거나 해서였다. "길 잃은 어린양,
나디아. 아직 자네를 알아보는지 확인하려고 전화한 건가?"
겨우 그에게 다시 연락을 하면, 그는 그렇게 놀리곤 했다.

　하지만 벤 역시 뉴스에 아예 신경을 끄고 있지는
않았기 때문에 그런 나를 이해해주었다. 그는 다음에 올
전쟁이 마지막이 될 거라고 확신하고 있었고, 그만큼 더
위험하리라는 것도 잘 알고 있었다. 그는 필요하다고 여기는
부분에는 여전히 의견을 피력하고 있다. 또한 중고등학교와
대학 캠퍼스를 돌며 아이들을 격려하고 동기를 부여하며,
매일같이 쏟아져 들어오는 (내가 연애편지라고 놀리곤 하는)

수많은 팬들의 메일을 일일이 살펴보고, 가끔씩 직접 답장을 하기도 한다.

이 세상에는 출신, 인종, 종교 또는 신념에 따라 인간이 나누어질 수 있다고 믿게 만드는 냉소주의자들이 있다. 그들에 따르면 난민은 국가의 번영과 문화에 위협이 된다. 이주자 캠프, 해협 횡단, 그리고 강제수용소 같은 종류의 이야기들은 익명의 존재들을 사람으로 취급하지 않게 만든다. 모르는 사이 우리는 이런 이야기들을 받아들이게 되고, 선행을 하고 이를 빛내는 우리 자신이나 다른 이들의 능력을 의심하게 된다. 하지만 나는 내 안에서는 발견할 수 없었던 상상력과 근면함, 어떤 긍지를 벤에게서 찾을 수 있었다. 그를 통해 우리는, 어떠한 역경에 처하더라도 인간 정신은 회복될 수 있다는 사실을 확인할 수 있다. 출신이 어떻든 또 무슨 일을 하든 우리는 생각보다 공통점이 많다는 것, 그렇게 연대할 때 우리는 더욱 강해진다는 사실을 배우게 되는 것이다.

진보는 단번에 이루어지지 않는다. 그것은 아주 느리게 일어나며 무척이나 복잡하다. 내가 낙담할 때마다 벤은 나에게 일깨워주곤 했다. 기적은 언제든지 일어날 수 있다고. 성 해방과 여성의 권리 신장, 식민주의와 노예제의 종식 같은 당연한 일들은 물론이고, 달 착륙은 불과 몇십 년

전만 해도 상상할 수조차 없는 일이었으니 말이다.

늘 낙관적인 분이었지만, 최근 몇 달 그는 너무나 고통스러운 시간을 보내야 했다. 70년이 넘도록 그와 함께해온 아내 거트루드가 세상을 떠난 것이다. 그는 자주 아내 이야기를 한다. 살아 있다면 그녀 역시 이제 백 살이 되었을 것이다. 그녀의 이름을 소리 내어 말하며 아내에 대한 여전한 사랑을 이야기하는 것만이 유일하게 그를 눈물짓게 만든다. 하지만 마음속 깊은 곳에서 그것은 기쁨의 눈물이 된다. 벤은 세상을 더 나은 곳으로 만들겠다는 열정을, 다른 이들의 삶을 개선하겠다는 열정을 소울메이트와 공유했기 때문이다. 두 사람은 모두 낯선 나라에 정착한 이방인이었으며, 자신의 가치를 증명할 수 있기를 간절히 원했고, 자신이 처한 환경을 개선하기 위해서 열심히 애썼다.

젊은이들에게 세 가지만 충고해달라고 부탁하자, 벤은 잠시도 망설이지 않고 이렇게 대답했다. "아주 간단한 것들이라네. 첫째, 절대 포기하지 말 것. 둘째, 절대 포기하지 말 것. 셋째, 절대 포기하지 말 것." 나는 이 가르침을 언제나 가슴속에 품고 있다.

나디아 코마미

서문

꿈에 대하여

나는 지금은 더 이상 존재하지 않는 나라, 트란실바니아의
작은 집에서 태어났다. 누나는 나보다 1년 먼저, 내가 태어난
바로 그 침대에서 태어났다. 누나는 헝가리인이었지만
여권에 적힌 내 국적은 루마니아였다. 제1차 세계대전
후, 트란실바니아의 일부가 드라큘라 백작의 고향으로
유명한 나라 루마니아에 양도된 것이다. 나라 이름이 바뀐
건 아무래도 상관없었다. 문제는, 두 나라가 주민들을
대하는 태도에 있었다. 헝가리와 루마니아 모두 반유대주의
국가였으니, 부모님으로서는 마을을 떠나, 할 수만 있다면
그 나라에서, 아니 두 나라 모두에서 벗어나는 것이
당연했다.

　그렇게 내 삶의 여정은 시작되었다. 그것은 절대 빈곤의
삶이었다. 내가 태어난 작은 시골집에는 수도도, 화장실도,
전기도 없었다. 작은 다락이 딸린 단층짜리 그 집에서 물을
쓰려면 마을 중앙에 있는 우물까지 일곱 블록을 걸어야

했다.

　이사가 가능해지자마자 우리는 곧장 미국으로 가는 작은 배에 올랐다. 1920년 한겨울, 우리는 사방이 뚫린 갑판 위에서 잠을 청했다. 사등칸이 없는 배의 삼등칸이었다. 제대로 잘 수도, 쉴 수도 없었던 아버지가 배가 고파 쉬지 않고 울어대는 나를 배 밖으로 던져버릴 참이었으나, 배에 함께 올랐던 삼촌이 말린 덕분에 나는 겨우 목숨을 구할 수 있었다.

　뉴욕항으로 들어가면서 우리는 자유의 여신상을 지나쳤다. 그때 겨우 9개월이었던 나는 물론 기억나지 않지만 말이다. 엘리스 아일랜드의 연방 이민국 직원이 부모님에게 내 이름을 물었다. 부모님은 영어를 전혀 못 했고, 또 이민국 직원은 헝가리어나 루마니아어, 이디시어를 몰랐으므로, 그들은 내 결혼 여부를 제외하고는 무엇 하나 제대로 소통하지 못했다. 부모님은 이디시어로 된 내 이름을 불러주었다. 베렐Berrel이에요. 그러자 직원은 되물었다. 벨라Bella? 그러고는 요람을 들여다보며 멋대로 내 나이를 4개월이라고 정해버렸다. 여든네 번째 생일이 지나고 나서야 나는 우연히, 내가 허위 진술을 하고 미국에 들어왔음을 알게 되었다. 4개월 된 여자아이로 말이다.

　그렇게 나는 미국에 왔다. 며칠이었는지 몇 주였는지,

처음 얼마간 우리는 미국에 들어온 이민자들에게 쉴 곳을
마련해주던 히브리이민자지원협회HIAS의 비좁은 공간에서
사람들 사이에 섞여 지냈다. 40년쯤 지나 HIAS 사람들에게
강의를 하면서, 미국에 도착한 첫날 바로 그 빌딩에서
지냈다고 하자 사람들은 무척이나 놀라고 또 기뻐했다.
제화공이었던 아버지는 일자리를 찾아 헤맸다. 한쪽 눈이
보이지 않아 불편했지만, 소가죽 한 장으로 부츠 한 켤레를
만들어내는 자신의 능력에 자부심을 가진 분이었다.
아버지는 모루와 망치, 구두를 만드는 데 필요한 무거운
연장들을 대서양 건너까지 짊어지고 왔다. 뉴욕에 소 따위는
없으며, 트란실바니아 출신 구두장이가 만든 수제 부츠를
사려는 사람은 더더욱 없다고 누군가 미리 일러줬더라면
좋았을 텐데.

   영어를 말할 줄도 읽고 쓸 줄도 모르는 무일푼의
홈리스였던 아버지는, 어느 유대인 집주인이 헬스 키친으로
알려진 56번가의 아파트 관리인 자리를 제안하자 아주
기뻐했다. 우리는 그 아파트 중 한 동의 지하 창고에서
지내도 좋다는 허락을 받았다. '약속의 땅'에서 우리가
갖게 된 첫 집이었고, 그곳에서 내 생각은 조금씩 자라기
시작했다. 그곳은 지하의 다른 공간들과 분리되어 있었다.
나무를 때는 난로 옆에는 보통 것보다 두 배는 크고 깊은

빨래통이 있어서 우리는 그것을 욕조로 사용했다. 마침내 아연 도금을 한 철제 욕조를 갖게 되었을 때는 욕조를 복도에 내놓고 양동이로 뜨거운 물을 채워넣으며 자축했다. 내가 지내던 방에는 창문이 하나도 없었고, 지하라서 네 벽은 늘 축축했다. 아파트 지하의 반대편은 종종 추위를 피해 들어와 날짜 지난 신문을 깔고 잠을 청하는 알코올중독자나 부랑자들이 차지하곤 했다.

그 지역이 헬스 키친이라고 불리는 데는 다 이유가 있었다. 그곳은 지옥이었다. 맨해튼의 서쪽에 위치한 그곳에는 엘리베이터도 없는 낡은 아파트들이 늘어서 있었다. 갈색 벽돌의 다세대주택들 뒤로 연기 기둥이 솟아오르고, 길모퉁이마다 담배를 피우는 노동자와 갱 들이 가득한, 빈티지 무비 속의 뉴욕 같은 그런 곳이었다. 이 나라에서 범죄율이 가장 높은 곳, 고난과 역경의 유치원이었던 그곳에서 나는 아주 중요한 하나를 배웠다. 서로의 방식을 존중하면서 각자 제 방식대로 살아야 한다는 것.

우리는 늘 배가 고팠다. 태어나기도 전에 이미 약혼한 사이였던 부모님은 사이가 좋지 않았다. 나는 몸집은 작았지만, 한시도 가만있지 않는 활발한 아이였다. 나는 헝가리어 억양으로 울어댔다. 집 밖은 위험했기 때문에

누나와 나는 '부랑자들'이 있는 거리로 나가는 것이
금지되어 있었다. 우리는 인도로 이어지는 지하실 맨
꼭대기 계단에 앉아 신선한 공기를 마시곤 했다. 어머니가
요리를 하러 아래로 내려가면 나는 흥미진진한 모험을
찾아 뛰쳐나갔다. 나는 스스로를 한 번도 아웃사이더라고
생각하지 않았다. 나는 언제나 미국인이었다. 내가 유대인인
건 알았지만, 루마니아인이거나 헝가리인인 줄은 알지
못했다. 아이들끼리는 언제나 서로를 이해하게 마련이다.
우리는 각자의 언어로 말할 필요가 없었다. 나는 몸짓으로,
혹은 아는 대로 아무렇게나 말했지만, 결국 뜻은 통했다.

그것은 모든 아이들의 보편적인 특성이다. 아이들은 원래
친구들의 인종이나 피부색, 종교의 차이를 찾을 줄 모르고
그 차이가 무엇인지 모르기 때문에, 누가 말해주지 않는
이상은 자신의 상황에 대해 웬만해서는 화를 낼 줄 모른다.
편을 가르거나, 아이들로서는 대체 무엇인지 알지도 못하는
물질적인 것들을 얻는 것, 혹은 그런 기회를 갖는 것보다
연대감과 즐거움, 자유로움과 독립성이 이들에겐 더욱
중요하다. 이것이야말로 어른인 우리가 지키려 애써야 하는
마음이다.

헬스 키친에 사는 이들은 대부분 아일랜드나 이탈리아
출신의 이민자들이었는데, 이들의 아이들은 서로

치고받거나 길에서 주사위 게임을 하느라 여념이 없었다. 나는 양쪽 모두의 마스코트였다. 당시에는 텔레비전이나 비디오 게임, 핸드폰 같은 오락거리가 없었으므로, 뭔가 재밌어 보이는 것들을 찾아 현관 앞을 기웃거리는 게 유일한 놀이였다.

온갖 다툼이 넘쳐나는 동네에서 범죄는 일상이었다. 야채 가게에서 감자를 슬쩍하거나, 친구들이 적법하지 않은 듯한 일을 꾸밀 때 망을 봐주는 정도긴 했지만 나 역시 그런 범죄의 경험이 있었다. 아이들이 길에서 무리를 지어 무릎을 꿇고 있다면, 그건 절대 기도를 올리고 있는 것이 아니다. 십중팔구는 주사위 게임을 하고 있는 것이다. 아이들은 냄비에 돈을 던져넣고, 나는 경찰이나 그 돈을 노리는 건달들로부터 아이들을 지켰다. 나는 길모퉁이에 붙어 서 있다가 소리쳤다. "병아리, 병아리!" 경찰이 다가오고 있음을 일러주는 은어였다. 아일랜드계 경찰은 욕설을 퍼부으며 한참 아이들을 뒤쫓다가 되돌아와서는 동전 냄비를 집어 갔다. 경찰이 그래도 된다면 나도 괜찮겠지 싶어, 나는 경찰이 돌아오기 전에 얼른 동전들을 챙겨넣었다. 하지만 그의 몫으로 얼마간은 꼭 남겨두었다. 다섯 살짜리의 정의감이었다고나 할까.

딱히 뭘 해야겠다거나 하는 생각 없이, 나는 그저

하루하루 그렇게 살아갔다. 적당히 요령을 피우며 그럭저럭. 살다 보면 가끔은 다들 그래야 할 때가 있는지도 모르겠다. 남자아이들 몇 명이 8번가에서 신문을 팔고 다니는 것을 본 나는, 그 아이들처럼 나도 돈을 좀 벌어볼 수 있겠다 싶었다. 나는 지하실에 모아두었던 오래된 신문 뭉치를 들고 나가 큰 소리로 외치며 거리 곳곳을 돌아다녔다. "신문 사세요!" 한 부에 2센트씩 꽤 잘 팔리던 참이었는데, 어느 날 한 신사가 날짜를 보고는 자기가 산 신문이 최근 것이 아니라는 사실을 알아채고 말았다. 남자는 나를 아버지에게 데려갔고, 아버지는 한참 꾸짖은 다음 물었다. "돈은 어디에 있니?"

하지만 돈이 전부는 아니다. 한 젊은 화가가 인기 잡지의 표지 그림을 그리기 위해 모델이 되어줄 여자아이를 찾고 있었는데, 긴 금발(늘 어머니가 잘라주던 바가지 머리)이던 나는 누나 블라우스를 빌려 입고 오디션을 보았고, 결국 그 자리를 따냈다. 2달러 50센트를 받았지만 그보다 더 좋았던 건, 스튜디오에 함께 있던 예쁜 모델들이 나에게 귀엽다고 칭찬을 퍼부으며 입 맞추고 안아준 것이었다.

돈이 없어도 우리는 많은 것을 이룰 수 있다. 구두닦이 토니와는 서로에게 이로운 사이였다. 56번가의 높은 빌딩 사이에 끼어 있는 그의 작은 가게에, 나는 매일같이 들러 아침 인사를 건넸다. 그에게서 나는 이탈리아어 억양으로 말하는 법을 배웠고, 그는 언제나 내게 우정의 표시로 투시 롤 캔디를 하나 주었다. 어쩌다 늦게 들어갈 때는, 어머니 화를 누그러뜨리려고 투시 롤을 집에까지 가져갔다. 그 뒤로 어머니에게 듣기 좋은 말을 할라치면 어머니는 늘 말하곤 했다. "베니가 또 투시 롤을 가져오네."

당시 주변에서 '문지기 조'로 통했던 아버지는 1920년대 헬스 키친에서는 드물게, 주류 밀매업자가 되어 있었다. 주류의 제조, 판매, 소비가 법으로 금지되었던 그 시절, 아버지는 우리 집 지하실에 구리로 만든 증류 장치를 숨겨놓고 삶은 감자를 으깨서 위스키를 만들었다. 아버지가 술이 든 플라스크를 건네는 손님들 중에는 기분 전환을 하러 들른 아일랜드계 경찰도 있었다. 양심적인 손님들은 탁자 위에 몇 달러를 놓고 갔다. 그게 떳떳하지 못한 일이라는 것을 알았기 때문에, 나는 아버지의 새 일에 대해, 또 경찰과의 우정에 대해 떠벌리고 다니기 시작했다. 조직범죄를 소탕한 내 첫 승리로 인해, 아버지의 증류소는 곧 사라지고 말았다.

범죄 예방에 대한 관심은 내가 자란 전반적인 분위기에서 비롯되었다. 그 시절 9번가에 있던 극장은 나를 키워준 베이비시터나 다름없다. 10센트짜리 동전 하나면 들어갈 수 있는 그곳에 나를 남겨두고, 부모님은 한참이 지나서야

데리러 오곤 했다. 영화는 다 똑같았다. 멋진 모자를 쓴
카우보이와 머리에 깃털을 꽂은 인디언들, 결국 나쁜 놈들을
죽이고 이기는 쪽은 언제나 근사한 모자를 쓴 사내였다.
하지만 어딘가 다른 특별한 영화도 있었는데, 제임스
카그니가 나오는 〈더럽혀진 얼굴의 천사Angels With Dirty
Faces〉라는 영화는 아직도 마음속에 남아 있다.

　젊은 시절 카그니는 친구와 함께 열차를 털려고
시도하는데, 친구는 도망가서 신부가 되지만, 경찰관에게
붙잡히고 만 카그니는 소년원에 보내졌다가 이후 갱단의
두목이 된다. 결국 카그니는 살인을 저지르게 되고,
신부가 된 친구는 그에게 부탁한다. "이것 봐, 모두들
너를 지켜보고 있어. 저 아이들에게 이건 잘못된 길이라고
말해주게." 카그니는 부탁을 거절하지만, 사형 집행일이
되어 전기의자로 끌려가면서 제발 자비를 베풀어달라며
울부짖는다. "가고 싶지 않아. 난 죽고 싶지 않다고."
그리고 결국 전기의자 위에서 죽음을 맞는다. 갱단의
조직원들은 신문을 통해 카그니가 죽음 앞에서 얼마나 '겁에
질렸는지' 알게 된다. 관객들은 물을 수밖에 없다. 카그니는
그저 친구의 부탁을 들어준 것일까, 아니면 진심으로 뉘우친
것일까.

　이 영화를 나는 자주 떠올린다. 그리고 자문하곤 한다.

　　　　　　　　　　　　　꿈에 대하여

왜 한 사람은 법을 준수하는 신부가 되고 다른 한 사람은 무법자가 되었을까. 어쩌다가 그렇게 되었을까? 내 삶의 많은 부분에서, 나는 이 주제, 이 문제를 좇아왔다. 타고난 본성 대對 후천적인 환경의 영향에 대한 논쟁은 다들 익숙할 것이다. 그것은 그러니까, 한 개인의 행동 양상이 유전학에 따라 타고나는 것인지 외부 환경에서 후천적으로 습득되는지, 그 정도를 연구하는 것이다. 나로 말할 것 같으면, 한 사람의 인격은 신념과 의지는 물론이고, 주변 사람들이나 각자에게 주어진 기회를 포함한 다른 많은 것들이 결합되어 형성된다는 생각이다.

자라온 환경 덕분에 나는 일찌감치 살아남는 법을 배웠다. 또한 세상에는 두 종류의 사람들, 즉 정직한 사람들과 그렇지 못한 사기꾼들이 있다는 것도 배웠다. 사기꾼이 되고 싶지는 않았다. 그것은 너무나 성가신 일이었다. 경찰에 쫓기다가 결국 교도소에 들어가고, 언제나 싸움에 휘말리는 일이었다. 나는 아주 어린 나이에 범죄는 아무 이득이 없다는 것을 배웠다.

지구상에는 내 어린 시절을 떠올리게 하는 곳들이 아직도 많다. 지금 이 글을 읽고 있는 독자들 중에도 그런 곳에서 자란 사람들이 있을지 모르겠다. 어떤 환경에서 자랐든, 원하기만 한다면 분명히 달라질 수 있다는 것을 믿어야 한다. 나 자신이 바로 남들이 하는 대로 따라 할 필요는 없다는 걸 보여주는 살아 있는 증거다. 아직 많은 나라가 그렇지만, 미국 역시 굉장히 빈부의 차가 크다. 최근 한 연구에 따르면 미국에서 학사 학위를 받은 사람의 77퍼센트가 고소득 가정 출신이라고 한다. 주변 상황이 불리하게 돌아갈 때, 거기에 맞서는 것은 당연히 어렵고 부당하다 여겨지겠지만, 전혀 불가능한 일은 아니다. 인류의 역사는 곧 거센 파도를 헤치고 이겨낸 과정에 다름 아니다. 누군가 해낸 사람이 있다면, 우리라고 왜 못 하겠는가? 설사 그런 사람이 없다 해도, 우리가 그 첫 번째 사람이 되지 못할 이유가 무엇인가?

　부모님은 엘리스 아일랜드를 거쳐서 미국으로 이민한 천2백만 명 가운데 두 사람일 뿐이었다. 두 분은 말도 통하지 않고, 친구도 돈도 집도 일자리도 없는 이곳까지 수천 마일을 건너왔다. 아무것도 가진 게 없으면 신념만 가지고도 오히려 뛰어들기가 더 쉬울 것 같지만, 전혀 그렇지 않다. 다른 무엇보다 이것을 알아야 한다. 꿈이 있다면, 그것이 커리어를 바꾸는 것이든 자선단체를 설립하는 것이든 몸을 만드는 것이든 새 직장에 지원하는 것이든 산을 오르는 것이든, 동료들은 해본 적이 없던 일이라거나 그 일을 하는 데 장애가 많다거나 하는 따위는 신경 쓰지 말아야 할 것이다. 우리 인류는 달 표면을 걷기도 했다. 올바른 신념을 가지고 전념한다면 원하는 것이 무엇이든 이룰 수 있다.

교육에 대하여

여섯 살이 되자 아버지는 나를 맨해튼에 있는 공립학교에
보내려 했지만, 유난히 몸집이 작은 데다 이디시어만 알고
영어를 할 줄 모르는 나를 학교는 받아주지 않았다. 1년
뒤에 다시 오라고 했지만 1년 뒤에도 학교는 같은 말을
되풀이했고, 결국 나는 여덟 살이 되어서야 학교에 다니기
시작했다. 브루클린에 있는 학교였는데, 다른 아이들의
옷깃에서 단추를 슬쩍 빼내는 것 말고는 그곳에서 어떤 것도
배운 것이 없다.

　학교에 늦게 들어갔기 때문에 나는 학급을 많이
건너뛰었다. 1학년에서 3학년으로, 3학년에서 곧장
5학년으로 월반한 것이다. 아버지 어머니 사이를 왔다 갔다
하느라 학교도 자주 옮겨 다녔다. 두 사람은 10년쯤 지독하게
다투다가 결국 이혼했고, 이후에는 각자 다른 짝을 만나
여생을 행복하게 살았다. 싸울 만한 가치가 있는 일과
그렇지 않은 일을 가려내는 것은 중요하다. 상황이 좋아질

것 같지 않으면 거기에서 빠져나오는 것이 더 나을 때도 있다.

부모님은 두 분 모두 자주 이사를 다녔다. 당시에는 비어 있는 집에 들어갈 때 한 달치 집세를 할인해주는 제도가 있었는데, 부모님은 이사를 했다가 한 달이 되기 전에 얼른 다시 이사를 나왔던 것이다. 때문에 나는 진짜 친구를 사귈 만큼 한 학교에 오래 다니지 못했다. 책 읽는 걸 무척이나 좋아해서, 나는 공립도서관 카드를 자주 사용했다. 몸집이 작아서 농구나 풋볼, 야구 같은 인기 있는 스포츠에는 낄 수가 없었다. 어머니가 보이스카우트를 일종의 군사 조직이라 여겼기 때문에 보이스카우트에도 들어갈 수 없었다. 청소년 시절 내내 나는 외톨이로 지냈다. 친구는 물론 중요하지만, 자기 자신과 친해지는 것도 좋다. 덕분에 나는 내 마음을 제대로 알게 되었고, 또 내 판단을 믿을 수 있게 되었다.

부모님이 이혼한 직후, 누나와 나는 잠시 브루클린에 있는 이모와 같이 지냈다. 이모는 나를 근처에 있는 코니아일랜드에 데려가곤 했는데, 이모가 장난삼아 나를 물속에 집어넣으면 나는 비명을 질러댔다. 머리 위로는 파도가 부서졌다. 어느 일요일, 모래밭이 거의 보이지 않을 정도로 해변은 사람들이 깔아놓은 담요들로 꽉 차 있었다. 이모는 금방 돌아오겠다고 하고는 나를 담요 위에 앉혀놓고 자리를 비웠다. 한참을 기다리다가(한 4분 정도 되었을까), 미친 듯이 이모를 찾기 시작한 나는 한 경찰관을 맞닥뜨렸다. 나는 특유의 정직함으로, 이모가 길을 잃은 것 같다고 말했다. 경찰관은 나를 경찰서로 데려갔고, 그가 내 머리에 경찰모를 씌워주는 사이 커다란 목소리가 스피커를 타고 흘러나갔다. "파니 이모님, 파니 이모님. 꼬마 베니가 찾고 있습니다. 파니 이모님은 경찰서로 와주시기 바랍니다." 마침내 나타난 이모는 기뻐서 펄쩍 뛰는 대신 다짜고짜 내 따귀를 찰싹 때렸다. 어떤 사람들은 정말 고마워할 줄 모른다.

그다지 영리하진 않았지만, 나는 기죽지 않고 잘난 척할 줄 아는 아이였다. 아홉 살 때인가 열 살 때인가, 브롱크스에 있는 학교에 다닐 때였다. 어휘 수업 시간에 'harass'라는 단어를 배우게 되었는데, 나는 그 단어를 '할 애즈(haar-as)'라고 발음했다. "그게 아니라 '헐 애스(har-ass)'예요" 하고 선생님이 발음을 고쳐주자, 나는 "헐 애스(Her ass[1])라고요?" 하고는 데굴데굴 바닥을 구르며 웃어댔다.

8학년 때는 졸업 연극에서 배역을 맡게 되었다. 막강한

---

1 멍청이, 엉덩이.

권력을 가졌음에도 자신의 불행과 고통으로 언제나 불만이 가득한 포악한 왕에게 포커스가 맞추어져 있는 연극이었다. 의사들은 행복한 남자의 셔츠를 입는 것만이 유일한 치료법이라고 결론 내렸고, 왕의 근위병들은 방방곡곡을 샅샅이 뒤졌지만, 슬픈 사연 하나쯤 품지 않은 사람은 단 한 명도 없었다.

　그러던 어느 날, 초원을 헤매던 근위병들은 우연히 어린 목동이 부는 흥겨운 피리 소리를 듣게 되었다. 그 어린 목동이 바로 내가 맡은 역할이었다. 목동에게 행복한지 묻자, 소년은 어리둥절한 얼굴로 매일같이 기쁨을 발견한다고 대답한다.

　"왕의 목숨을 구해야 하니, 어서 네 셔츠를 다오." 근위병들이 말하자 소년은 대답한다.

　"하지만 저한테는 셔츠가 없는걸요."

　왕이 노여워할까 노심초사하며, 이 나라에서 유일하게 행복한 사람이 셔츠를 한 장도 갖고 있지 않다고 사신이 걱정스레 보고하자, 왕은 크게 웃음을 터뜨렸다.

　그때부터 나는 이 행복한 목동처럼 살기 위해 애썼다. 행복은 물질을 통해 얻어지는 것이 아니다. 내가 바로 산증인이다. 나는 수차례 끔찍한 악몽을 목격했지만, 그 때문에 낙관적인 태도와 감사하는 마음이 훼손된 적은 없다.

오래도록 지속되는 행복은 무언가를 이루어내는 데서 오는데, 이러한 목표는 사람마다 모두 다르다. 이 세상을 구하는 것과 같은 원대한 목표가 될 수도 있지만, 주위 사람들에게 좀 더 다정하게 굴겠다는 작은 다짐 같은 것이 될 수도 있다. 산책을 하거나 숙제를 하고 또 세탁소에서 옷을 찾아오는 것처럼, 매일같이 그 결과를 확인할 수 있는 아주 작은 목표를 세울 수도 있을 것이다.

우리의 성취를 방해하는 가장 큰 장애물은 비교하는 것이다. 차안대遮眼帶를 하고 달리는 경주마들은 주변에서 무슨 일이 일어나는지 보지 못하기 때문에 침착하게 앞만 보고 달릴 수가 있다. 가끔은 우리에게도 이런 차안대가 필요하다. 타인의 성취와 비교하느라 스스로가 이루어낸 것에서 느낄 수 있는 기쁨을 빼앗겨서는 안 된다. 타인의 즐거움이 나의 기쁨을 망가뜨릴 수는 없다는 것 또한 늘 기억해야 할 것이다.

사는 동안 매일의 작은 기쁨을 찾는 것이 우리를 버틸 수 있게 해준다. 그 작은 기쁨들이 조금씩 난로에 던져넣는 연료가 되어 불길이 계속 타오르게 하는 것이다. 늘 꿈꾸던 직장이나 집, 이상적인 배우자(아직 도달하지 못한 미래의 숨겨진 목표들)를 얻게 되면 행복해질 거라고 스스로에게 말하는 것은 우리를 더욱 비참하게 만들지도 모른다. 작은

기쁨들을 찾기 위해선 가까운 곳을 살펴야 한다. 행복은
거저 주어지는 것이 아니며, 분노를 일으키는 것 역시
어떤 사람이나 조직이 아니다. 행복은 하나의 감정이며,
이 감정에 책임을 져야 하는 사람은 바로 우리 자신이다.
어디에서 기쁨을 찾을 것인지, 우리가 직접 선택할 수 있는
것이다. 하늘이 너무 맑아서, 점심을 배불리 먹어서, 혹은
창밖에는 엄청난 폭풍우가 몰아치는데 침대 이불 속에
파묻혀 그날따라 유난히 더 맛있는 커피를 마실 수 있어서
좋은 것들처럼 말이다. 쉽게 찾을 수 있고 또 느낄 수 있는
것들에서 행복을 찾아야 한다.

나는 기억력이 꽤 좋은 편이었다. 한 번 들은 것은 잊지
않았다. 브롱크스에서 어머니와 새아버지와 함께 살던 어느
날, 8학년 담임인 코넬리 선생님이 교장 선생님과 면담이
있으니 부모님을 모셔 오라고 했다. 내가 뭘 잘못하기라도
한 건가 싶었지만, 코넬리 선생님은 어머니에게 내가
평범한 아이가 아니라고 했다. 틀림없이 어머니도 이미
짐작하고 있었을 것이다. 어머니가 진짜 놀란 것은,
선생님이 나를 보내고 싶어 하는 특수학교가 비행 청소년을
위한 곳이 아니라 '타고난 재능이 뛰어난 아이들'을 위한
곳이어서였다. 어머니뿐만 아니라 나 역시 대체 무슨

이야기인지 알 수가 없었다. 우리는 재능 따윈 물려받아본 적이 없는 사람들이었으니까.

코넬리 선생님은 뉴욕에 있는 타운젠드 해리스라는 학교에 대해 설명해주었다. 그곳에서 모든 과목을 통과하면 등록금을 내지 않고도 자동으로 뉴욕 시립대학에 입학할 수 있다는 것이었다. 우리가 아는 사람들 중에 대학을 나온 사람은 한 명도 없었다. 당시 우리 같은 이민자들로서는 고등학교를 졸업하는 것만 해도 공부를 많이 한 것이었다. 갑자기, 나는 욕심이 생겼다. 새로운 기회를 열어줄 새 문이 열린 것이다.

타운젠드 해리스의 선생님들은 대학의 교수들이었고, 수업은 대학생들 수준에 맞추어져 있었다. 그곳에서 나는 아주 중요한 사실 하나를 깨달았는데, 바로 공부를 해야 한다는 것이었다. 전에는 한 번도 공부를 해본 적이 없었다. 나는 프랑스어와 대수학에서 곧장 낙제점을 받았다. 아름다운 프랑스 여인 다니엘 다리외와 사랑에 빠지고 나서야 프랑스어에 관심을 갖게 되었다. 그녀는 잉그리드 버그만과 같은 스타일의 영화배우였는데, 학교 근처에 있는 예술극장에서 그녀의 영화를 상영하고 있었다. 샤를 부아예가 그녀에게 사랑을 고백했다. 나는 한쪽 눈은 그녀에게 고정한 채, 다른 한 눈으로 영어 자막을 보았다.

그것은 훌륭한 학습 자료였다. 샤를 부아예처럼 말할 수 있게 되자, 마른 전투[2]를 설명하는 프랑스어 교수의 말을 웬만큼 알아들을 수 있게 되었다. 나는 꽤 괜찮은 통역사가 되었고, 전쟁이 끝나고 나서는 '세계인권선언'의 초안을 작성해서 노벨평화상을 수상한 프랑스인 르네 카생이 미국을 방문했을 때 통역을 맡기까지 했다. 그 모든 게 프랑스 여인과 사랑에 빠진 덕분이었다. 아무려나 그녀는 정말이지 아름다웠으니 말이다.

언제 어느 곳에서도 배울 만한 것들이 있다는 사실은 우리 모두에게 아주 중요한 가르침이다. 영화를 보고 책을 읽고 거리를 걷고 이야기를 나눌 때, 언제라도 마찬가지다. 배움에 소극적이어서는 안 된다. 우리가 하는 행동 하나하나가 곧 새로운 무언가를 배울 수 있는 기회이다. 그 지식이 언제 유용하게 쓰일지 알 수 없는 일이다.

고등학교 때 점심을 사 먹을 돈이 없었던 나는 돈을 마련할 방법을 궁리해냈다. 구멍이 백 개 뚫려 있는 펀치 카드를 산 다음, 구멍마다 운세나 상금이 적힌 종잇조각을

---

2 제1차 세계대전 발발 직후인 1914년 9월 파리 북동쪽 마른강을 사이에 두고 벌어진 연합군과 독일군의 전투. 제1차 세계대전의 승패를 좌우한 결정적인 전투에 해당한다.

말아 넣고는 1페니에 하나씩 아이들이 뽑을 수 있게 한
것이다. 상금은 1센트에서 10센트까지 있었다. 헬스 키친의
갱들이 자랑스러워할 만한 벤처 사업이었다. 하지만 학교
관리인이 로커 룸 주변에 떨어진 종잇조각들을 발견하고
고자질하는 바람에 나는 학장실에 불려 갔다. 채스트니라는
이름의 폭력배 같은 학장은 퇴학당하지 않으려면 아버지를
모셔 오라고 했다. 아버지를 안 만난 지 1년도 더 되었지만,
나는 곧장 전화기로 달려가 제적당할지도 모르니 얼른 와서
좀 도와달라고 아버지에게 간청했다.

　"제적당한다는 게 무슨 뜻이냐?" 아버지가 물었다.

　나는 총을 맞는 것과 비슷한 거라고 설명했다.

　"무엇 때문에?"

　나는 점심값을 벌려던 것이었다고 대답했다.

　"그깟 것 때문에 너를 쏘려고 한다는 게냐?"

　그렇게 학교에 오게 된 아버지는, 도박에 대해서며 자식을
어떻게 교육시켜야 하는지 따위 일장 연설을 들어야 했다.
그리고 학장은 마지막으로 한 번만 더 기회를 줄 테니
미국에 감사하라고 덧붙였다. 아버지는 어쩔 줄을 모르고
그저 내가 시키는 대로 아무 말 없이 고개만 끄덕였다.

　엄격한 원칙주의자인 채스트니 학장은 그 뒤로 나를
조금도 봐주지 않았다. 얼마 지나지 않아 그는 또 나를

　　　　　　　　　　　　교육에 대하여

불렀다. 내가 체육 수업에 들어가지 않았다는 보고를 받았다는 것이었다. 내가 얼마나 텀블링을 잘하는지, 나는 그에게 말했다. 나는 원숭이보다 빨리 밧줄을 타고 올라갈 수도 있었고, 인간 피라미드의 꼭대기 자리도 언제나 내가 맡았다.

나는 말했다.

"체육 선생님들은 모두 저에 대해 알고 계십니다. 체육 수업이 하필 점심시간과 겹쳐 있어 들어갈 수 없었을 뿐입니다."

하지만 그 관료주의자는 내게 최후통첩을 했다.

"시간표대로 수업에 들어가지 않으면 뉴욕 시립대학에는 못 가게 될 거다."

이건 좀 심하다는 생각이 들었다. 그런 헛소리 따위에 넘어갈 내가 아니었다. 나는 이튿날 바로 시립대학으로 가서 입학처장 면담을 신청했다. 그는 아주 유쾌한 아일랜드인이었다.

"그래, 자네 이름이 뭔가?" 그가 물었다. 내가 페렌츠라고 대답하자 그는 내 어깨에 팔을 두르며 말을 이었다. "좋아, 테런스. 뭘 도와주면 되지?" 나는 타운젠드 해리스에서 체육 과목을 통과하지 않아도 시립대학에 들어갈 수 있는지 물었고, 그는 대답했다. "물론이지, 테런스. 우린 자네를

기꺼이 받아들일걸세." 나는 감사 인사를 한 후 내가
아일랜드 출신이 아니라는 걸 그가 알아차리기 전에 얼른
그곳을 빠져나왔다.

　나는 채스트니 학장에게 돌아가서 말했다. "학장님,
저한테 거짓말을 하셨더군요!" 그는 크게 화를 내며 나는
절대 이 학교의 졸업장을 받을 수 없을 거라고 했다. 결국
나는 고등학교 졸업장 없이 시립대학교에 들어가게 되었다.
이 에피소드가 알려주는 것은 어쩌면 우리 미래를 손에 쥐고
있는 사람들을 건드려서 그 미래를 위험에 빠지게 해서는
안 된다는 것이어야겠지만, 진짜 가르침은 다른 데 있는지도
모른다. 권위를 가진 사람이 그렇다 했다는 이유만으로 어떤
사실을 진실로 받아들여서는 안 된다는 것이다. 역사상 가장
위대한 천재들은 그들 이전의 천재들에게 의문을 품었기
때문에 그렇게 되었다. '고정관념을 깨라'고 말하기를
좋아하는 사람들이 있지만, 그것은 사실 엄청난 압박이기도
하다. 정말 중요한 핵심은, 일단 생각을 하라는 것이다.
그거면 된다.

'가난한 이들의 하버드'인 뉴욕 시립대학은 개방입학제[3]로

3　모든 지원자에게 순서대로 입학을 허용하는 제도.

운영되고 있었고, 그곳의 많은 학생들이 이민자 가정 출신이었다. 대학은 아메리칸 드림을 나눌 수 있는 하나의 기회였다. 재미 삼아 놀러 다닐 수 있는 곳이 아니었다. 학교에는 그 흔한 풋볼 팀 하나 없었다.

나는 사회학과 사회과학을 전공했다. 헬스 키친에서 본 것들에 오랫동안 가슴 아팠던 나는 청소년 범죄를 막을 수 있는 일을 직업으로 삼고 싶었다. 나는 괜찮은 학생이었지만, 관심 있는 과목에서만 그랬다. 생물학 시간, 살아 있는 개구리의 배를 가르는 것을 거부하고 대신 식물학 수업을 듣게 되었지만, 결국 아무 소용도 없었다. 나는 겨우 낙제를 면했다. 식물학은 내게는 마치 라틴어로만 되어 있는 것 같았다.

철학 시간에는 올더스 헉슬리의 《목적과 수단Ends and Means》을 읽어야 했다. 정당한 목적을 이루기 위해서는 오직 정당한 수단만이 쓰여야 한다는 결론을 내리게 된 것은 바로 이 책을 통해서였다.

사회과학에서는 전 과목 최고 점수를 받았다. 범죄학 시간, 청소년의 무단결석 문제를 해결하려면 어떻게 해야 할까 방법을 찾을 때, 나는 직관적으로 답을 알 수 있었다. 아이들은 선생님이 재미없고 수업이 지루해서 학교에 가지 않으려는 것이다. 나는 돕스 페리에 있는 한 소년원에서 청소년 지도사로 추천받아 여름 동안 무보수로 일하게 되었다. '어린이들의 마을'이라 불리는 그곳은 전형적인 현대식 청소년 교정 시설이었다. 학교에 가면 어떻게든 뭐라도 사고를 치는 어린 악당들은 모두 그곳으로 가야 했다. 내가 돌보던 아이들은 대부분이 나와 성장 배경이 비슷했는데(주변 환경이 나쁘거나 부모가 이혼했거나), 이 일은 왜 어떤 사람은 범죄자가 되고 어떤 사람은 그렇지 않은지, 그 답을 찾고자 하는 내 연구 주제(제임스 카그니 딜레마)에 잘 어울렸고, 한여름의 뜨거운 도시에서 벗어날 수 있는 기회이기도 했다.

　여러 가지 일들이 있었지만, 나는 수영장을 만들고 아이들에게 수영을 가르치는 일도 도왔다. 아이들은 수영장 위로 가지를 드리운 나무에 다이빙대를 붙여놓고, 자기가 얼마나 용감한지 보여주려 수영장 안으로 뛰어들었다. 그중에는 수영을 할 줄 모르는 아이들도 있었다. 어떤 아이들은 싫어하는 아이를 물속에 빠뜨리려 하기도 했는데, 그럴 때면 붙잡힌 아이가 빠져나갈 수 있도록 내가 얼른 뛰어들어 괴롭히는 아이를 한 대 쥐어박아주었다.

　도둑질부터 살인에 이르기까지, 아이들은 온갖 범죄를 저지르고 그곳에 수감되어 있었다. 브롱크스의 집에 들렀다 그곳으로 돌아갈 때마다 나는 아이들에게 나누어줄 사탕

　　　　　　　　　　　교육에 대하여

봉지를 챙겨왔다. 적당한 때를 봐서 주려고 베개 밑에 안전하게 숨겨둔 사탕들은 기회가 오기도 전에 순식간에 없어져버리곤 했다. 나는 도둑을 잡기 위해 덫을 놓기로 했다. 어느 날 나는 향이 강한 박하사탕 상자를 가져갔고, 도둑은 금세 미끼를 물었다. 아이들을 줄 세워놓고 코를 가까이 가져다 대자, 사탕을 먹은 아이들 입에서 당장 박하 향을 맡을 수 있었다. "정의를 실현하도록 너희한테 맡기겠다." 그렇게 말하고 나는 그 자리를 떠났다. 아이들이 범인들을 두들겨 패긴 했지만, 그런 범죄는 다시는 일어나지 않았다. 평화와 정의는 함께 가는 것이다.

최근에 나는 꽤 재미있는 서류를 하나 받았다. 타운젠드 해리스 고등학교에서 내 고등학교 졸업장을 보내온 것이었다. 학교를 떠난 지 80년도 더 지나서 말이다.
　　교장이 보낸 편지에는 이렇게 적혀 있었다.

　　친애하는 페렌츠 씨, 오늘은 2019년 10월 15일입니다. 아드님 도널드의 요청에 따라, 귀하의 고등학교 성적을 검토한 후, 타운젠드 해리스 고등학교의 졸업장을 드리게 되어 매우 기쁩니다. 이 졸업장을 통해 귀하가 고등학교 과정을 모두 이수했으며, 타운젠드 해리스 고등학교의 졸업 조건을 모두 충족했음을 밝힙니다.
졸업을 축하하며, 앞으로도 좋은 일들만 가득하시길
바랍니다.

나는 이렇게 답장을 썼다.

고등학교 졸업장을 받게 되어 무척 기쁘고, 또한
기분 좋게 많이 웃었습니다. 지난 82년 동안 저는
이 증명서를 끈기 있게 기다렸습니다.
1943년에 받은 하버드 로스쿨 법학 박사 학위 아래에
이 졸업장을 붙여두면 아주 기쁠 것 같습니다. 제가
느리게 배우는 사람이라는 걸 설명할 수 있겠군요.

여기에 세 가지 가르침이 있다. 인내는 미덕이다. 참는
자에게 복이 있다. 아무리 억울하고 화가 나더라도, 웃을 수
있다면 웃어야 한다.
　당연히, 공부가 아니었다면 내 인생은 달라졌을 것이다.
아버지처럼 문지기가 될 수도 있었고, 소년원에 수감된
아이들 중 하나가 되었을 수도 있다. 뉴욕 시립대학교는
가난한 아이들을 위한 학교였으며, 더 나은 삶으로
인도해주는 하나의 길이었다. 나는 그곳에서 교육의 가치를

　　　　　　　　　교육에 대하여

깨달을 수 있었다. 우리는 어디에서든 배울 수 있고, 또 그래야 하지만, 우리 앞에 열려 있는 제도권 교육의 문을 과소평가해서는 안 된다. 열심히 공부하기도 했고 또 머리가 좋은 편이기도 했지만, 타운젠드 해리스나 뉴욕 시립대학 같은 곳이 있었다는 점에서 나는 운도 아주 좋았다. 우리는 각자에게 주어진 행운과 특혜에 감사할 줄 알아야 하며, 그것들을 갖지 못한 사람들을 늘 떠올려야 한다. 그러기 위해 우리는 어떻게 해야 할까?

환경에 대하여

삼촌 한 분이 내 행실에 대해 이야기하다가 이런 말을 한 적이 있다. "베니는 대단한 사기꾼이 되거나 아니면 훌륭한 변호사가 될 거야." 말했다시피 사기꾼이 되고 싶지는 않았기 때문에, 나한테 남은 선택지는 하나밖에 없었다.

세계 최고의 로스쿨이 어디인지는 몰라도, 아무튼 그곳에 다니고 싶었다. 150센티미터 남짓 되는 작은 키 때문에 종종 몸집이 큰 사람들에게 괴롭힘을 당하곤 했는데, 내가 그들과 경쟁할 수 있는 유일한 방법은 그들보다 훌륭한 사람이 되는 것뿐이라고 생각한 것이다. 약점을 앞으로 나아가게 하는 원동력으로 이용할 수 있다면, 그 약점은 강점이 될 수 있다. 눈앞의 역경에 대해 불평하기만 해서는 안 된다. 그런다고 문제가 해결되지는 않으며, 오히려 시간 낭비일 뿐이다. 때로 그런 역경은 평탄한 항해보다 더 좋은 선생님이 되어준다.

나는 브루클린에 있는 로스쿨과 중국에 있는 로스쿨이

어떻게 다른지조차 몰랐다. 여기저기 알아보다 보니 하버드가 최고라고 해서 지원했고, 지금도 이유는 알 수 없지만 아무튼 합격했다. 스무 살 무렵, 앞으로 나에게 어떤 일이 일어날지 전혀 알 수 없는 상태였다. 신입생 오리엔테이션에서 학장이 했던 말은 지금까지도 정확하게 기억이 난다. "여러분, 오른쪽을 보십시오. 그리고 왼쪽을 보세요. 첫 학기가 끝날 때쯤이면 벌써 여기 있는 세 명 중 한 명은 더 이상 이 자리에 없을 것입니다." 시험을 치르고 나면 하위 삼분의 일에 해당하는 학생들은 자동으로 낙제되는 것이었다. 그곳에 있던 모두가 그대로 얼어붙었다. 그 자리에 남아 있지 못할 수도 있다는 사실에 겁이 났지만, 나는 살아남았고 좋은 성적을 거두었다. 첫 형법 시험이 끝난 후, 하버드를 졸업할 때까지 전액 장학금을 받을 만큼 잘 해낸 것이다.

하버드에서 가장 먼저 배운 것은 두려움의 의미였다. 물권법物權法을 가르쳤던 에드워드 워런 교수는 '황소 워런'으로 알려져 있었는데, 스페인의 종교재판을 떠올리고 붙인 별명인 듯했다. 그는 수업 중에 긴장해서 떨고 있는 학생들 앞에서 큰 소리로 성적을 불러주곤 했다. 어느 날, 그는 형편이 좋지 않은 한 학생을 앞으로 불러내더니 그에게 10센트짜리 동전을 하나 건네주었다. 집에 전화해서

부모님한테 절대로 변호사가 못 될 자식에게 돈을 헛되이 쓰고 있다고 전하라는 것이었다. 하지만 아무리 두려운 것이라도, 우리가 있는 그대로 받아들이지 않는다면 전혀 부정적인 것이 아니다. 우리는 경험을 통해 이미 알고 있다. 두려움은 우리 시대의 직장이나 교육 환경에서 살아남게 해주고, 우리가 원하는 삶을 이루게 해주며, 우리가 익숙해진 것을 유지하는 데 도움을 준다. 무언가 잃을까 봐 두려운 것이라 해도, 역시 나쁠 것이 없다. 그 말은 곧 싸워서 지켜야 할 무언가가 있다는 뜻이니, 그만큼 그것에 집중하다 보면 두려움은 오히려 생산성과 효율성, 용기와 스피드 같은 것으로 상황에 따라 얼마든지 바뀔 수 있는 것이다.

워런 교수는 나에게 '동산(형상이나 성질 따위를 바꾸지 않고 옮길 수 있는 재산)'과 '부동산(움직여서 옮길 수 없는 재산)'의 차이를 가르쳤을 뿐만 아니라, 절대 지각해서는 안 된다는 것을 가르쳐주었다. 시간을 지킨다는 것은(좀 더 서두른다면 더욱 좋겠지만) 우리가 스스로 이룰 수 있는 가장 쉬운 성공 중 하나이다. 시간을 지키면 또한 다음에 뒤따를 일이 무엇이든 좀 더 자신감을 가질 수 있게 된다. 지각 때문에 다른 사람의 시간을 낭비하는 일도 없을 테니, 타인의 반감을 살 일 역시 없어진다. 반드시 시간을 지켜야 한다. 아주 작고 쉬운 승리라도 그 또한 승리인 것이다.

계약법契約法을 가르치던 론 풀러 교수에게는 상대방의 입장을 이해하는 것이 아주 중요한 능력임을 배웠다. 변호사에게 이것은 논쟁을 예상하고 대비해서 이길 수 있는 중요한 능력이지만, 일상생활에서도 다르지 않다. 논리적으로 납득할 수 있도록 설명하고 그 마음이 바뀌게 하려면, 상대방의 사고방식을 이해하는 수밖에 없다. 어떤 사람과 갈등을 겪고 있다면, 그 사람의 입장을 이해하려고 애써야 할 것이다. 성장 배경은 어땠는지, 현재 상황은 어떠한지, 또 함께 어울리는 동년배 친구들은 어떤 사람들인지, 성격은 또 어떤지 따져보는 것이다. 우리가 그러는 만큼 상대방도 우리를 이해해준다면 좋겠지만, 혹 그렇지 않다 해도 그를 향한 우리의 분노는 줄어들 테니 그것만으로도 좋은 일이다. 우리 인간에게 분노는 오랫동안 경험할 만한 생산적인 감정이 아니다.

연민과 타협, 용기를 통해 우리가 동의할 수 없는 견해를 바꾸려 노력하는 것이야말로 증오를 이기는 방법이다. 아주 작은 것부터 시작해보자. 꼬마 조니가 꼬마 토미와 야구를 하고 있다. 조니는 토미의 행동이 마음에 들지 않는다. 그렇다면 우리는 조니에게 토미와 얘기를 나누고 문제를 해결하도록 가르쳐야 한다. 토미를 향해 야구 배트를 휘두르게 해서는 안 되는 것이다.

　윤리학 교수인 제크라이아 채피는 내게 관용과
모든 사람이 공정하게 대우받아야 하는 당위에 대해
가르쳐주었다. 여기에서 사람이란, 우리와 다르지 않은
외모에, 우리처럼 말하는 사람, 우리와 같은 나라에
살고 있는 사람, 우리의 이웃을 말하는 것이 아니며,
법을 준수하는 시민만을 이야기하는 것도 아니다. 모든
사람이 마찬가지다. 지구상의 모든 사람은 유전학적으로
99퍼센트가 일치한다고 한다. 생김새가 어떻든, 어느
나라 출신이든, 할아버지의 할아버지의 할아버지가
어느 나라에서 태어났든, 어떤 언어를 사용하든, 어떤
신념을 갖고 있든 마찬가지다. 심지어 범죄자나 무뢰한,
사이코패스라 하더라도 말이다. 어떠한 상황에서도
저들에게 적용되는 규칙이, 우리에게, 나에게 적용되는
규칙과 달라서는 안 되며, 정의에 대해서라면 더더욱
그렇다. 정의는 문명의 최우선이 되어야 하며, 우리 모두를
보호하는 데 기여해야 한다. 21세기에 이런 것을 강조해야
한다는 게 이상해 보일지도 모르지만, 반드시 필요한
일이다. 일상생활에서는, 왠지 좋아할 수 없는 이웃 주민,
사이가 멀어진 사촌, 직장에서 함께 일해야 하는 동료가
그런 사람이 될 수 있겠다.

옥스퍼드 영어 사전에 따르면 '공정하게'라는 말은 '도덕적으로 공평하고 올바르게'라는 뜻이라고 설명하고 있다. 모든 사람에게 공정하게 말하는지, 또 모든 사람에 대해 공정하게 말하는지 자문해보고, 만약 그렇지 않다면 올바르게 변해야 한다. 비열한 사람들이 여전히 근사하게 사는 듯 보일 수도 있겠지만, 적어도 내 생각에 그것은 결코 같은 삶이 아니다.

교수들 중에서 가장 학식이 높은 분이었던 로스코 파운드(그는 무엇보다 식물학자로서 자신의 이력을 쌓기 시작했다)는 내게 법리학과, 사상이 다른 여러 법학파의 역사적 기원에 눈뜨게 해주었다.

하버드 로스쿨의 선생들은 내게 자신감을 심어주었고, 나는 마음만 먹는다면 최고 중의 최고와도 견줄 수 있으리라, 나 자신을 믿을 수 있게 되었다. 하버드에서 얻은 가장 중요한 가르침 하나는, 이 세상엔 너무나 다양한 계층의 사람들이 함께 살고 있다는 깨달음이었다.

학교에는 부자 아이들이 넘쳐났다. 질문을 받자마자 곧장 자리에서 일어나고, 아가일 삭스에 갈색 로퍼를 신고, 칵테일을 마시는 학생들, 남학생 사교 클럽의 멤버인 그 아이들이 내게는 너무도 낯설었다. 하버드에서의 생활은 분명 큰 기회였지만 쉽지 않은 일이었다. 다른 아이들이 주말에 찰스강에서 보트를 타고 놀 때, 나는 다락방에서 지냈다. 그 작은 다락방조차 일주일에 8달러인 집세를 혼자 감당할 수 없어 시립대학에 다니는 유대인 친구와 함께 살았다.

다락방에는 머리 위로 달랑 백열전구 하나만 달려 있는 작은 책상이 있었다. 창밖으로는 즐거운 한때를 보내고 있는 하버드의 다른 남자아이들이 내려다보였다. 그중에는 뒷마당에서 늘 빨간색 고급 컨버터블을 닦던 이웃집 아이도 있었다. 휴일에 집에 가려면 나는 늘 다른 사람의 차를 얻어 타야 했다. 그런 생각이 들었다. '저 녀석은 자기가 얼마나 운이 좋은지 알기나 할까?'

그런 녀석들과 나는 같이할 수 있는 것이 아무것도 없었고, 그 아이들 역시 나와 가까이 하려 하지 않았다. 나는 그 애들과 밖에서 어울려본 적이 한 번도 없었다. 함께 보스턴에 가서 벌레스크 쇼[1]를 본 적도, 여자아이들과 데이트를 해본 적도 없었다. 나는 스스로에게 말했다. '벤, 거기 가봤자 시간만 낭비하는 거야.' 겨우 끼니를 때울 수

---

1 Burlesque Show, 19세기 런던에서 유래한 스펙터클한 공연 양식으로, 주로 여성의 매력을 강조한 춤과 노래를 곁들인 일종의 '뮤지컬 코미디'이다. 19세기 후반 미국으로 전파되어 스트립쇼와 블랙 유머를 녹인 '뉴 벌레스크' 쇼로 유행하게 되었다.

환경에 대하여

있는 정도의 돈만 벌면서 나는 그렇게 공부만 했다. 내가 할 수 있는 최선을 다하는 것이 당시 내 목표였으니까.

아니, 사실 돈이 없어서였다. 나는 책이라곤 읽어본 적 없는 부모님 밑에서 자랐고, 그 전까지 알고 지내던 사람들 중에 대학을 나온 사람은 한 명도 없었다. 그건 완전히 다른 세상 이야기였다. 나는 그때 그 자리에 있기 위해서는 더 열심히 공부해야 한다는 것을 알고 있었다. 곤경에 빠진 나를 구해주거나 고급 차를 사줄 부자 아버지가 내게는 없으니까 말이다.

그러던 어느 날, 나는 문득 내가 세계 최고의 로스쿨에 다니고 있다는 사실을, 혼자 힘으로 일어설 수 있는 기회가 내게 주어졌음을 깨달았다. 나는 생각했다. '정신 차려. 여기에서 최선을 다하지 않으면 영원히 후회하게 될 거야.' 나는 돈이 아니라 지식으로 돋보이리라 마음먹었고, 그 마음이 나를 앞으로 나아가게 해주었다.

실패를 대비해 안전장치가 있어야 한다고 생각하는 사람들이 있을 것이다. 틀린 말은 아니다. 직장에서 해고됐을 때 일어날 수 있는 최악의 상황이 저축해두었던 돈을 꺼내 쓰고, 가족들과 이사를 가야 하는 정도라는 것을 알고 있으면, 위험을 감수하고 또 실수를 저지르는 것이 덜 두려울 수도 있다. 하지만 인생 초반 어떠한 안전장치도 가질 수 없었던 나는, 어차피 나한테는 아무것도 없다고 생각하는 것이 가져다주는 장점 또한 증명할 수 있다. 발아래로는 깎아지른 암벽투성이고, 위로는 세상의 정상으로 올라가는 산기슭에 있다고 하면, 우리는 어떻게 해서든 산을 오를 용기와 힘을 찾을 것이다. 안전장치가 있다고 하면 오히려 게을러질지도 모른다. 필요하고 바라는 것이 있을 때 우리는 더욱더 갈망하고, 더 의욕적이고, 더욱 창의적이며, 더 열정적으로 움직이게 되는 것이다.

  공부를 하는 내내 나는 돈 걱정을 해야 했다. 집을 떠날 때 어머니한테 500달러를 빌렸지만, 그 돈은 집세로 다 나가고 없었다. 로스쿨 맞은편에 있는 호텔은 스페셜 뷔페 브런치가 유명했는데, 일요일이면 나는 거기서 50센트로 배를 채우고 며칠을 버티곤 했다. 그리고 다른 날들은 굶주림을 면하기 위해 근처 신학교의 카페테리아에서 웨이터 보조 자리를 구했다. 손님이 나간 후 식탁을 치우는 대신 남은 음식을 골라 먹을 수 있었다. 그것은 너무나 감사한 일이었고, 2016년경, 한참이나 지나서야 나는 그 신학교를 찾아 학장을 만났다. 세계 평화를 위해 일하고 있을 때, 우리는 이에 대해 한참 이야기를 나누었고 곧 친구가 되었다. "그건 그렇고, 내 점심값을 내고 싶습니다." 나는 작은 봉투를 내밀며 누구에게도 말하지 말아달라고 덧붙였다. 봉투

안에는 5만 달러짜리 수표가 들어 있었다. 이 이야기는 지금 처음 하는 것이다. 첫째, 너무나 근사한 이야기니까. 둘째, 나는 받은 것은 반드시 돌려주어야 한다고 믿는 사람이기 때문에. 누군가의 도움을 받은 적이 있다면, 언제가 되었든 반드시 돌려주기를. 이 일에는 공소 시효가 없다. 그리고 반드시 돈이어야 할 필요도 없다. 감사하는 마음은 그 무엇과도 다른 방식으로 우리를 완성시켜준다.

하버드에서 공부하는 3년 동안, 법학 도서관은 내게 천국과도 같은 곳이었다. 그곳에서 나는 멋진 책들을 찾아냈고, 벤저민 N. 카도조, 러니드 핸드, 올리버 웬델 홈스와 같은 뛰어난 판사들의 판결문에 담긴 지혜를 발견했다. 나중에 처음으로 로펌을 차리면서, 나는 책상 위 벽에 세 사람의 초상화를 걸어두었다. 한 초빙 판사가 법조계의 거물들이 나를 위에서 내려다보고 있다고 하길래, 그게 아니라 반대로 내가 그들을 우러러보고 있는 거라고 대답해주었다. 위대한 인물들 때문에 기죽을 것이 아니라, 그들에게서 더욱 자극받는 쪽을 선택하면 되는 것이다.

좀 이상하지만, 나는 하버드에서 다른 학생들을 가르치는 아르바이트도 했는데, 그러다가 교수 밑에서 일을 도와주면 정부에서 급여를 주는 프로그램이 있다는 것을 알게 되었다. 처음에 파운드 교수를 만나러 갔다가 거절당하고 나서 셸던 글루크 교수를 찾아갔다. 그는 당시 유일하게 범죄학을 가르치던 분이었다. 범죄학은 내가 가장 공부하고 싶은 분야였다. "비용이 얼마나 들지?" 그의 첫 질문에 내가 공짜라고 대답하자, 그는 나를 받아주겠다고 했다.

그렇게 나는 그의 조교가 되었다. 글루크 교수는 독일의 침략과 극악무도한 잔혹 행위에 대한 책을 쓰려고 준비 중이었기 때문에, 나한테 주어진 첫 번째 업무는 하버드 도서관에 있는 전쟁 범죄 관련 책들을 전부 요약하는 것이었다. 어쩌면 그 일로 인해 내 삶의 항로가 바뀌었는지도 모르겠다. 전쟁이 끝난 후, 당시 미 국방부에 자문을 하고 있던 글루크 교수에게 군에서 연락을 취했을 때 그는 나를 추천했고, 내가 일을 맡게 되었다.

로스쿨을 마칠 수 있을 거라고는 정말 생각도 못 했었다. 전쟁이 일어났을 때, 당시 학장이던 제임스 랜디스는 내가 학기를 마칠 수 있도록 입영을 연기해달라고 징병위원회에 편지를 써주었다. 그는 내가 아주 유망한 청년이라고 했다. 학기가 끝난 후, 나는 책과 논문 들을 모두 집으로 보냈다. 당장이라도 군대에 불려 갈 수 있을 거라 생각했기 때문이다. 하지만 아무 연락이 없었다. 어머니는 말했다. "벤, 학교로 돌아가렴. 필요하면 그때 부르겠지."

로스쿨에서의 마지막 2년은 언제 떠나야 할지 모른다는

생각에 공부에 집중할 수가 없었다. 학업을 마칠 수 없을 거라 생각하자 노트는 낙서로 가득 찼다. 필수 과목인 세법 수업은 아예 듣지도 않았고, 부피가 크고 비싼 책들도 사지 않았다. 시험은 치렀지만 당연히 낙제였다. 그럼에도, 법 지식 덕분에 나는 큰 부자가 될 수 있었다. 이후 나는 하버드와 홀로코스트 메모리얼 박물관에 수백만 달러를 기부했다. 이러한 사실들이, 각자 스스로의 힘으로 일어섰을 때 무엇을 할 수 있는지 보여줄 수 있기를 바란다.

삶에 대하여

.

일본이 진주만에 정박해 있던 미 함대를 기습 공격했다는
소식이 라디오에서 흘러나올 때, 나는 다락방의 내 책상
앞에 앉아 있었다. 이미 유럽 대부분을 정복한 히틀러가
동맹국들과 함께 미국에 전쟁을 선포한 것이었다. 만나는
학생들마다 모두 입대를 준비하고 있었다.

어떻게든 내가 원하는 곳에서 복무하고 싶었다. 바다에
빠져 죽는 것은 썩 마음에 들지 않아서 해군은 아예
제외시켰다. 해병대는 어차피 몸집이 작은 나를 받아주지도
않을 것이었다. 나는 전쟁성[1]에 편지를 써서 프랑스어,
헝가리어, 이디시어, 독일어 그리고 스페인어까지 할 줄
아는 내 언어 능력이 정보부에서 아주 유용하게 쓰일

---

[1] war department, 미 국방성의 전신으로 육군을 담당했다. 제2차
세계대전 이후 육군·해군·공군의 방위 기능을 일원화하기 위해 삼군을
총괄하는 현재의 국방성이 창설되었다.

것이라고 제안했다. 프랑스에 있는 독일 전선의 배후에 투입되어 다이너마이트 사용법을 배우게 된다면, 독일군 전차와 통신선을 모두 날려버릴 수 있을 것 같았다. 어떻게 하면 좋을지 머릿속으로 그려보기까지 했다. 수녀로 변장해서 자전거를 타고 가면 좋을 것 같았다. 수염을 바짝 깎고 수녀복을 입는 것이다. 하지만 정보부에 들어가려면 미국 시민권자가 된 지 15년이 넘어야 한다고 했다. 내가 시민권자가 된 지, 그러니까 아버지가 서류를 신청한 지 14년째 되던 해였다. 일단 격추되면 사망하는 것이 보통이었던 터라 공군에도 지원했지만, 부적격 판정을 받았다. 페달에 발이 닿으려면 키가 165센티미터는 되어야 한다는 것이었다. 그다음에는 포격수에 지원했지만 내 방향 감각이 최악이라며 그들은 말했다. "벤, 베를린을 폭격하라고 하면 자네는 아마 도쿄에 폭탄을 떨어뜨리고 말걸세." 다음은 낙하산부대였는데, 그들은 내가 아래로 내려가지 못하고 거꾸로 위로 올라갈 거라고 했다.

나는 로스쿨을 졸업하자마자 브롱크스에 있는 징병위원회에 보고했다. 그곳의 담당 직원이 제1차 세계대전이 일어났을 때 자신은 예일 로스쿨에 다니고 있었다고 했다. 파일럿이었던 그는 전투 중에 한쪽 다리를 잃었다고 했다. 결국 학교로 돌아가지 못했는데, 그때까지도 그게 여전히 후회된다고 했다. 내 입영을 연기해달라는 하버드 학장의 편지를 받았을 때, 그는 자신이 겪은 일을 내게는 일어나지 않게 하겠다고 마음먹었다고 했다. 순전히 한 번도 본 적 없는 그 남자 덕분에 나는 로스쿨을 무사히 졸업할 수 있었던 것이다.

셸던 글루크 교수 밑에서 자료 조사를 맡았던 덕에, 나는 나치의 침략이나 강제수용소 계획에 대해 많이 알고 있었다. 독일에 점령당한 나라의 변호사들은 그때 이미 전쟁 범죄의 증거들을 수집하고 있었는데, 글루크 교수 역시 그중 한 사람이었던 것이다. 그러나 미 육군은 대체 무슨 생각에선지 나를 대공포대對空砲隊에 보냈고, 아는 것이라곤 하나도 없는 그곳에서 나는 이등병이 되었다.

군 생활은 우울하게 시작되었다. 제115 대공포대대에 타이피스트로 배치되었지만, 나는 타자를 치는 법도 대포를 쏘는 법도 배우지 못했다. 내 주적主敵은 독일군이 아니라 미군이었다. 그곳에서는 계급이 곧 특권이었다. 변기 청소, 찌든 내 나는 기름때 청소, 팬이며 냄비 같은 취사도구 그을음 벗겨내기 따위 온갖 더러운 일들이 모두 내 몫이었다. 바닥을 얼마나 쓸고 닦았는지, 다섯 번째쯤 되자 전혀 상상할 수 없는 방법으로 대빗자루를 쓸 수도 있을 것 같았다.

나는 노스캐롤라이나의 데이비스 캠프에서 기초 훈련을
받았다. 최대한 정중하게, 나는 군대의 지시라는 것이
얼마나 불합리한 것들인지 상관에게 수도 없이 고했지만,
그들은 내게 고함을 지르며 경고했다. "누가 자네한테
생각하라고 했나!"

　　우리는 군함 스트래스네이버를 타고 영국으로 향했다.
장군이 우리의 임무를 설명했다. 해변에 나와 있는
민간인들을 공격하려는 적군의 저공 비행선을 막으라는
것이었다. 아군의 새 비밀 레이더가 접근하는 모든 항공기를
탐지할 수 있고, 사정권 안에 들어오는 항공기는 새 원격
조정기가 자동으로 격추시킬 테니, 전혀 두려워할 것 없다고
장군은 덧붙였다.

　　하지만 독일군은 우리 쪽 레이더가 어떻게 움직이는지
정확히 알고 있었고, 알루미늄 페인트를 칠한 전서구를
이용해 탐지를 교란시키고 우리의 총구를 딴 곳으로
유인했다. 우리는 어이없게도 엉뚱한 방향으로 포를
쏘아댔고, 적군의 공격을 허락하고 말았다. 제115
포병대대의 90밀리미터 대포에 독일 전투기가 얼마나
격추됐는지는 모르겠지만, 우리가 격추시킨 비행기들 중
다수가 영국군과 미군의 비행기였다. 장군이 하는 말이라고
해서 무조건 그대로 믿어야 하는 것은 아니었다. 우리들

각자가 스스로 생각할 줄 알아야 하는 것이다.

영국의 최남단, 세상의 끝이라 불리는 랜즈엔드에서 우리 대대는 언제 올지 모를 침략의 기회를 노리며 오랫동안 대기하고 있었다. 1944년 6월 6일, 디데이[2]의 이른 아침이 떠오른다. 수많은 전투기들로 하늘은 시커멓게 뒤덮였고, 영국 해안을 따라 항구를 막고 있던 모든 배들이 프랑스를 향해 출항했다. 우리는 독일 잠수함을 피해 지그재그로 영국 해협을 건너 노르망디 오마하 해변[3]에 상륙했다. 나는 상륙정에서 물속으로 뛰어내렸다. 다른 사람들에게는 무릎 높이 정도였지만 나한테는 허리까지 물이 찼다. 억수같이 쏟아지던 비가 그치고 하늘이 열리고 있었다. 한 영국 군인이 내 등을 치며 말했다. "행운을 빌겠소. 베를린은 저쪽이오."

나는 다른 부대원들이 있는 산마루로 올라갔다. 꼭대기에 도착하자마자 커다란 참호 안에서 50구경 기관총을 잡고 있던 '뻣뻣이 노스'에게 붙잡혔다. "어이, 여기서 보니 반갑군." 그렇게 말하곤 나한테 자리를 넘기고 사라졌던

---

2 제2차 세계대전 중 연합군이 프랑스 북부를 탈환하기 위해 노르망디에 상륙을 시작한 1944년 6월 6일을 가리킨다.
3 노르망디 상륙 작전 당시 연합군의 목표였던 다섯 개 해변 중 한 곳에 붙은 암호명으로, 가장 많은 사상자를 낸 곳이다.

그는, 로켓 연료와 비슷하게 생긴 칼바도스 한 병을 들고 돌아왔다. 지방에서 만든 양조주였다. 어느 순간 노스의 몸이 뻣뻣하게 굳는가 싶더니 모래밭에 얼굴을 묻으며 그대로 쓰러졌다. 저격수의 총에 맞은 줄 알았으나, 그는 죽은 게 아니었다. 고주망태로 취한 것이었다. 전쟁의 한가운데에서 말이다. 모두가 영웅적인 것은 아닌 법.

나는 꽤 오랫동안 제115 대공포대대를 따라다녔다. 군대에서 보낸 3년 동안, 나는 마지노 선과 지그프리트 선을 통과했고(나 같은 사람들을 막기 위해 세운 이 거대한 장벽들의 진정한 의미에 주목해야 할 것이다. 나는 죽지 않고 두 전선을 모두 넘었다), 레마겐을 지나 라인강을 건넜으며, 바스토뉴의 벌지 전투[4]에도 참가했다.

행복했던 장면들도 떠오른다. 뤼네빌Lunéville이 해방되던 날에는 한 프랑스 가족과 저녁 식사를 함께 하며, 프랑스 노래를 부르고 연합군을 위해 축배를 들었다. 생로St. Lô 전투가 벌어지던 우울했던 날들도 기억난다. 연합군이 제공권制空權을 쥐고 있었음에도, 교통의 요지였던 생로

---

4   제2차 세계대전 당시 1944년 12월 16일 시작, 1945년 1월 27일 종료된 연합국과 독일군의 전투로, 독일의 패전을 확인하는 의미 있는 분수령이 되었다.

지역은 독일군이 점령하고 있었다. '하늘의 요새Flying Fortress[5]'가 온 하늘을 뒤덮어 세상이 온통 컴컴해지고, 곧이어 어마어마한 양의 폭탄이 도시로 떨어졌다.[6] 땅이 얼마나 심하게 흔들렸는지, 수 킬로미터 떨어져 있는 나조차 가만히 서 있을 수 없을 정도였다. 온전하게 남은 집이나 건물은 하나도 없었다. 무너진 그 돌무더기 아래 얼마나 많은 무고한 시민들이 묻혔을지, 나는 지금까지도 궁금하다.

　나는 온갖 위험에 맞닥뜨렸지만, 겁을 먹었던 적은 없었다. 나는 그것들을 있는 그대로 받아들였다. 사람들은 나를 '겁 없는 페렌츠'라고 불렀다. 어디에서 그런 용기가 생겼는지, 나도 잘 모르겠다. 나는 딱히 영웅 같은 타입도 아닌데 말이다. 하지만 어릴 때부터 나는 나 자신을 지켜내는 법을 배웠다. 누군가 위협하는 사람이 있으면 나는 그의 급소를 걷어찬 뒤 쓰러진 그의 머리를 다시 무릎으로 차올려줬을 것이다. 아주 어렸을 때부터 나는 괴롭힘에 익숙했지만, 나를 두 번 괴롭힌 아이는 하나도 없었다. 전쟁도 마찬가지다. 누구라도 우리를 두 번씩이나 괴롭히게

5　제2차 세계대전 당시 미군의 대형 폭격기 B-17의 별칭.
6　노르망디 상륙 이후 한 달이 넘도록 독일의 완강한 방어에 막혀 있던 연합군은 프랑스 내륙으로 진출하기 위해 반드시 탈환해야 하는 도시 생로를 폭격하고 돌파했다.

두어서는 안 된다. 우리는 스스로를 지킬 줄 알아야 한다.

내 첫 선임 병장은 텍사스 출신의 아주 비열한 망나니였는데, 틈 날 때마다 아내를 패주었다며 자랑스레 떠벌리고 다니는 사내였다. 괴링[7]과 선임 중 고를 수 있었다면 나는 그 선임을 먼저 쏘았을 것이다. "장교가 되고 싶으시다고?" 그는 그렇게 말하며, 이미 승인된 내 지원서를 가져다 쓰레기통에 던져넣었다. "이봐 쫄따구, 이 부대를 벗어날 수 있는 유일한 길이 이 상자 안에 있네만."

전투부대에 속해 있던 시절은 다 그런 식이었다. 내 삶을 끔찍하게 만드는 것, 그게 나를 둘러싼 다른 모든 병사들의 목표이기라도 한 것 같았다. 군 생활은 곧 나와 미군 사이의 대립이었다. 심지어 닭고기를 요리했다는 이유로 처형하겠다는 협박을 받은 적도 있었다. 왜 그렇게까지 했는지 당연히 궁금할 것이다. 그러니까, 독일의 점령에서 벗어나 자유를 찾은 프랑스는 눈물을 흘리며 환호했고, 꽃과 와인과 계란을 나누어주며 퍼레이드를 펼쳤다. 그때까지 우리는 다들 군대에서 나오는 돼지고기 통조림만 먹고 지낸 터라 계란만으로도 뛸 듯이 기뻤다. 군용 스팸은 마치

---

7 1893~1946, 히틀러의 측근으로, 초기 나치 돌격대의 지휘관을 지냈고 게슈타포를 창설했다.

사람을 죽이려고 먹을 수 없는 것들을 한데 섞어 만든 것 같았다. 하지만 나무에 금세 푯말 하나가 걸렸다. '부대장 명령에 따라 개인 취사를 금함.' 대령이 부대 내에 계란 껍데기가 흩어져 있는 걸 싫어했던 것이다.

사병들이 계란 하나 마음대로 먹을 수 없다는 게 믿기지 않았다. 나는 헌법에 명시되어 있는, 생명과 자유, 행복 추구에 대한 권리를 행사하기로 했다. 닭고기를 요리해서 같이 복무하던 친구 세 명을 식사에 초대한 것이다. 하지만 명령을 무시한 우리는 즉시 대령에게 불려 가게 되었다. 대령은 전쟁 중 명령 불복종이 무슨 뜻인지 아냐고 물었고, 나를 본보기로 삼아 징계를 내리겠다고 했다. 저놈 손에 죽겠구나, 싶었다. 나는 말했다. "대령님, 저라면 그러지 않겠습니다. 대령님의 명령은 개인 취사 금지였고, 저는 그 명령을 어기지 않았습니다. 그것이 집단 취사였다는 것을 증언해줄 증인이 세 명 있습니다." 대령의 얼굴이 붉으락푸르락하다가 하얗게 질리더니, 그 애국자는 나한테 당장 꺼지라고 소리를 질렀다.

몇 주 뒤, 전 부대원이 육군선행훈장 대상에 올랐는데, 부대원 약 천5백 명 가운데 단 한 사람의 이름에만 붉은 줄이 그어져 있었다. 바로 나였다. 대위에게 가서 왜 내가 이런 불명예를 얻어야 하냐고 따져 묻자, 그가 대답했다.

"닭고기 사건 기억하고 있겠지? 흠, 대령님 역시 아직 기억하고 계시다네."

적이라고 모두 나와 다른 제복을 입고 있는 것은 아니다. 적은 언제 어디에나 있을 수 있으며, 항상 정당한 보상을 받을 수 있는 것도 아니다. 흘러가는 대로 천천히 자신의 길을 가면 된다. 80년이 지나도록 계속 같은 이야기를 하고 있어서는 안 되는 것이다. 어떤 가르침은 다른 것들보다 실천하기가 훨씬 어려운데, 바로 이런 것들이 그중 하나다. 그러니, 실천하지 못했다고 자책하지 않는 태도 역시 배워야 할 것이다.

우리가 독일 국경에 다다랐을 즈음에는 이미 나치의 잔혹 행위가 널리 알려지고 있었다. 루스벨트와 처칠, 스탈린은 나치 지도자들이 전쟁 범죄에 대한 책임을 지게 할 것을 약속하는 공동 선언문을 발표했다. 나는 패튼 장군의 제3군 사령부로 전출되었다. 놀라기는 했지만 마다할 이유가 없었다. 전쟁범죄부를 신설하라는 명령을 받은 패튼 장군에게, 워싱턴에서 내 이름을 전달한 것이었다. 경례를 마치자마자 중령은 물었다. "상병, 전쟁 범죄가 정확히 뭔가?" 드디어 나의 시간이 온 것이었다. 삶이란 굽이굽이 휘어진 좁은 오솔길들의 연속이다. 결코 곧게 뻗어 있지 않은. 그 길들은 빙글빙글 꼬여 있다가, 오르막길이었다가, 곧장 아래로 곤두박질치다가, 온통 울퉁불퉁한 돌멩이들이 널려 있기도 하다. 하지만 그러다가 잠시 마음에 드는 풍경을 만나게 되면, 그토록 지긋지긋했던 장애물들이 모두 가치 있는 경험들로 바뀔 것이다.

　얼마 지나지 않아, 우리는 격추된 연합군 파일럿들에 대한 보고서를 받았다. 낙하산을 펼쳐 독일 영토에 떨어진 파일럿들이 모두 의도적으로 살해되었다는 것이었다. 전쟁법에도 관례에도 어긋나는 일이었다. 그것은 그러니까, 연합군 파일럿 살해 사건이었다. 나는 지프에 올라 범죄 현장으로 향했다. 수사에 필요한 증거를 수집해야 했다. 잔인한 일이었다. 시체는 강이나 구덩이 같은 곳에 버려져 있었다. 대개는 죽어서 엉망이 되어 있었지만, 간혹 바지 안감에 지워지지 않는 잉크로 적힌 일련번호가 발견되기도 했다. 일단 시체들을 모두 파내야 했다. 겨울이라 땅이 단단하게 얼어 있었지만 머리를 다치게 할까 봐 곡괭이를 쓸 수가 없는 데다, 뭔가에 찔린 상처인지 총알이 관통한 구멍인지도 구별이 안 되었다. 나는 발목에 밧줄을 묶어 지프 뒤에 연결한 다음 천천히 시신을 꺼내려 시도했다. 발 하나만 딸려 올라오는 일이 없기만을 바라며. 대부분의 현장에서 나는 유일한 미국인이었고, 내가 가진 권한이라고는 허리춤에 찬 45구경짜리 권총 한 자루가 전부였다. 나중에 나는 차 앞에 굵은 글씨로 'IMMER ALLEIN'이라고 써놓았다. 독일어로 '언제나 혼자'라는 뜻이었다.

전쟁이 끝나갈 무렵, 나는 최고의 거물 아돌프 히틀러를 찾아나섰다. 알프스 꼭대기, 베르히테스가덴의 고급 호텔 독수리 요새Eagles's Nest에 숨어 있을 것으로 추측되는 상황이었다. 나는 군목軍牧에게서 트레일러를 한 대 빌렸다. 증거들을 찾게 되면 지프로는 부족할 것 같았다. 하지만 독수리 요새는 이미 폭파된 뒤였고, 그 장엄한 무대까지 이어지는 굽이진 길 위에는 포탄 자국들만 어지럽게 널려 있었다. 꼭대기까지 끌고 갈 수가 없어서, 트레일러는 아래쪽에서 길을 지키고 있던 미국 병사들에게 맡겨두었다. 요새는 제101 공수사단이 점령하고 있었고, 히틀러는 어디에도 없었다. 그런데 파일 캐비닛을 뒤지다가 나는 엄청난 것을 찾아냈다. 제101 공수사단이 아래에서 두 번째 서랍을 아주 쓰기 편한 변기로 만들어 자주 이용했던 것이다. 그 안에 어떤 서류가 있었더라도 나는 그것들을 가지고 나오지 않았을 것이다.

히틀러가 베를린에서 자살했다는 소식이 전해져왔다. '총통'을 깜짝 방문하지 못하게 된 것이 못내 아쉬웠다.

내가 지하 벙커에 도착했을 때는 러시아 군인들이 이미 최소한 4제곱미터는 됨직한 커다란 구덩이를 파서 그 안에 그의 유골을 놓아둔 뒤였다.

뮌헨에 있는 사령부로 돌아온 나는 군목에게 그에게서 빌린 트레일러를 잃어버렸다고 고백해야 했다.

"목사님, 현장에서 이제 막 돌아왔습니다."

"그래, 어땠나요?"

내가 소총을 잃어버렸다고 하자 그가 말했다.

"걱정하지 마십시오, 형제님."

동료들에게 주고 싶었던 기념품도 잃어버렸다고 하자 역시 그가 말했다.

"걱정할 것 없습니다. 하나님께서는 모두 용서하실 것입니다."

나는 다시 말했다.

"그런데 목사님의 트레일러도 잃어버렸습니다."

침묵.

정부 자산 손실을 이유로 군법회의에 회부될 뻔했으나, 나는 물론 그 서류들을 쓰레기통에 던져버렸다.

원칙에 대하여

한창 연합군 파일럿 사건을 조사 중일 때, 전차대대가
수용소에서 나오는 듯 보이는 사람들을 길에서 마주쳤다는
보고가 패튼 장군의 사령부로 들어오기 시작했다.
보고에 따르면, 잠옷 바람에 누더기를 걸친 그들은 모두
몹시 굶주린 듯 보였다고 한다. 말할 것도 없이, 해방된
강제수용소에서 풀려난 수감자들이었다.

　나는 부헨발트, 마우트하우젠, 플로센뷔르크, 에벤제를
포함해 대략 열 개쯤 되는 강제수용소를 찾았다. 죽음의
현장, 비인간적인 장면들은 어느 수용소나 다르지 않았다.
지금도 너무나, 너무나 생생하게 눈앞에 떠오르지만, 나는
아직도 그 현장을 제대로 묘사할 수가 없다. 평생 잊을 수
없을 것이다. 그것은 카오스 그 자체였다. 전쟁은 여전히
얼마간 격렬한 상황이었다. 길바닥 곳곳에 시체들이
널브러져 있었다. 죽은 사람들, 부상당한 사람들, 구걸하는
사람들, 병든 사람들, 애원하는 눈빛들. 뼈와 가죽만 남아

장작더미처럼 쌓여 있는 시체들, 설사와 이질, 발진티푸스, 결핵과 폐렴으로 더 이상 가망이 없는 해골들을 나는 보았다. 사람들은 쥐처럼 쓰레기 더미 사이를 기어다니며 먹을 만한 빵 부스러기나 음식 찌꺼기를 찾아 헤집어놓았다. 시체들은 삽으로 아무렇게나 화장터로 밀려 넣어졌고, 그 재가 마치 비료처럼 들판에 흩뿌려졌다.

이루 말할 수 없이 끔찍한 장면들이었다. 지옥이 있다면 그런 곳일까. 그래서 나는 방법을 하나 찾아냈다. 그것이 실재하지 않는 것이라고 생각해버리는 것이었다. 평소 나는 꽤 이성적인 사람이었지만, 그곳에서 나는 자주 되뇌었다. "이건 진짜가 아니야, 진짜가 아니야, 진짜가 아니라고." 그것을 어떤 쇼의 일부라고 생각하기로 한 것이다. 그러지 않고 무엇을 할 수 있었을까? 그 자리에 주저앉아 비명을 지르며 머리를 쥐어뜯을 수도, 다짜고짜 독일인들에게 달려들어 망치로 머리를 내리칠 수도 없었다. 때로는 우리 뇌가 미처 처리해내지 못하는 일들이 일어나곤 하는데, 그럴 때 우리의 뇌는 다행하게도 스스로를 보호하기 위해 최선의 방법을 찾아낸다. 믿어도 좋다. 큰 슬픔에 빠진 사람들은 종종 잘 시간이 아닌데도 그만 자야겠다고 말하곤 한다. 마음이 고통을 감당하지 못할 때는, 평소보다 스위치를 더 자주 꺼줘야 한다는 것이다. 눈앞에서 마주한 끔찍한 현실을 극복하기 위해, 나 역시 그렇게 했다. 그 모든 것들이 허구라고 생각한 것이다.

　나는 스스로에게 말했다. 내 할 일을 하라고. 나는 수용소로 막 들어가는 부대와 함께, 혹은 그곳에 하루 이틀 머물렀던 부대와 함께 강제수용소 안으로 들어갔다. 다음은 언제나 똑같았다. "저는 패튼 장군의 명령으로 이곳에 왔습니다. 우리는 미국 정부의 정책을 수행하고 있습니다. 서류들이 보관되어 있는 사무실을 중심으로 즉시 열 명을 배치해주십시오. 제 허락 없이는 그 누구도 들어가거나 나갈 수 없습니다." 부대를 이끄는 미군 장교에게 그렇게 말했다. 마치 내가 패튼 장군 자신인 것처럼, 나는 그렇게 행동했다. 수용소 내 독일인들이 쓰던 사무실은 내 차지였다. 기록하는 일에 대해서라면 언제라도 독일인을 믿어도 좋을 것이다. 독일인들은 꼼꼼하고 세심하게 모든 것을 기록했다. 수용소에서 어떤 일들이 벌어졌는지를 모두 알 수 있었다. 수감자들의 명단이나 그들이 처음 아우슈비츠에 보내졌을 때 등록된 수용 번호는 물론이고, 수용소까지 이들이 어떤 탈것을 타고 왔는지, 헝가리와 루마니아, 독일에서 각각 언제 처음으로 도착했는지 모두 기록되어 있었다. 물론 수감자들 중 대부분은 이미 망자亡者가 되어 있었다.

　이 정보들을 가지고 나는 내 타이프라이터 앞으로 돌아가

내가 직접 본 것들에 대해, 또 그것들에 책임을 져야 할
이들에 대해 보고서를 작성했다. 그 수용소의 책임자가
누구였는지, 얼마나 많은 사람들이 죽어나갔는지, 거기 있던
경비병들은 어떤 사람들이었는지. 그 자료들을 바탕으로
우리는 그들을 검거할 수 있도록 체포령을 내렸다. 네 할
일을 해라. 증거를 수집하고, 다음 수용소로 이동하라.
그리고 또 그다음 수용소로. 분노로 미쳐 날뛰지 않을 수
있었던 것은 바로 그런 태도 덕분이었다.

　부헨발트 수용소의 독일인 사무실에서 일했던
한 수감자를 만났던 일은 아직도 눈에 잡힐 듯 또렷하게
기억난다. "기다리고 있었습니다. 함께 가시죠." 프랑스
출신이었던 듯한 그는 내게 그렇게 말했다.

　그는 삽을 들고 수용소 경계 구역에 둘러쳐진 가시철조망
쪽으로 나를 데려갔다. 우리는 거기서 상자 하나를 파냈고,
곧장 사무실로 돌아와 상자의 흙을 털어냈다. 상자에서는
여권처럼 보이는 작은 수첩 몇 개가 나왔다. 나치 친위대가
가지고 다니던 수첩이었다. 수용소 내 사교 클럽에 갈
때마다 그들은 수첩을 보여주고 거기에 도장을 받았던
모양이었다. 그곳에서 저녁마다 떠들고 마시며 시간을
보냈다.

　수첩에 도장 50개가 다 찍히면, 그들은 사무실에서

노역하던 그 수감자에게 예전 것을 폐기하라고 지시했는데, 남자는 그것들을 없애지 않고 숨겨두었던 것이다. 심판의 날이 올 거라는 신념을 가지고 한 행동이었다. 들켜서 붙잡히기라도 하면 그 자리에서 당장 죽임을 당했을 것이었다.

보통 사람들이라면 목숨을 걸어야 하는 두려움 속에서 무언가를 해야 하는 일은 거의 없다. 그러므로, (물론 아주 훌륭한 일이지만) 무조건 그 수감자처럼 용감해지라는 것이 아니다. 내가 하고 싶은 말은, 인간은 얼마든지 끔찍한 일을 저지를 수도 있지만, 반대로 그만큼 훌륭한 일 역시 할 수 있다는 것이다. 크든 작든, 그 크기는 상관이 없다. 이 세상은 옳은 일을 하는 훌륭한 사람들로 가득하다. 때로는 이 사실을 기억하고 놓지 않는 것만으로도 우리는 충분히 다시 힘을 낼 수 있고, 분발할 수 있으며, 우리가 살아내고 있는 이 역사를 좀 더 괜찮은 것으로 받아들이게 될 수도 있다.

아닌 게 아니라, 남자의 선물은 나에게 금광이나 마찬가지였다. 가해자들과 그 공범자들은 모두 거기에 간 적이 없다 발뺌하려 했으나, 나한테는 그들이 클럽에 갔던 날짜와 그들의 군번이 있었다. 나는 그들을 모두 알고 있었다. 나는 즉시 모든 전쟁포로수용소로 체포 영장을

보냈다. 이 사건은 정의로운 방법으로 무언가를 하기
위해 죽음에 맞서는 사람들의 용기가 어떤 것인지 온전히
보여주는 좋은 본보기일 것이다.

그때까지 수용소에 남아 있던 나치 친위대는 현장에서
도망치려 했다. 수감자들은 대부분 큰 병이 들거나 너무
쇠약해져서 제대로 걷지도 못했지만, 그래도 몇몇은
일어나서 돌아다닐 수 있을 만큼 꽤 건강한 상태였다.
어느 수용소에서, 나는 수감자들이 동시에 한 경비병에게
달려들어 그를 패기 시작하는 것을 보았다. 거의 정신을
잃은 남자는 들것에 실려 화장터로 끌려갔고, 그 안에서
구워지기 시작했다. 겨우 죽지 않고 숨만 붙어 있을 정도가
되어 그 안에 버려져 있던 그는, 다시 끌려나와 흠씬 두드려
맞은 뒤 또다시 구덩이 안으로 던져졌다. 마침내 남자가
완전히 불에 익어 확실히 숨이 끊어질 때까지, 그 일은 서너
차례 반복되었다. 나는 그 일을 모두 지켜보았고, 지금도
여전히 눈에 선하다. 그들을 말리려 했다간 나한테까지
달려들었을 것이다.
　　수용소에서 수용소로 계속 이동하던 중, 나는 구 소련
'붉은 군대赤軍'의 선발 부대를 만나 어느 축하 모임에
따라가게 되었다. 한 러시아 병사가 나한테 군대에서 맡고

있는 일이 어떤 것이냐고 물었다. 나는 전범조사관이며,
나치 친위대가 저지른 만행의 증거를 찾고 있다고 대답하자
그가 되물었다. "그놈들이 어떤 일을 저질렀는지 모른단
말이오?" 물론 잘 알고 있다고 하자 그가 짓궂게 웃으며
말했다. "그런데 뭘 찾아다니는 거요. 그냥 다 쏴버리면
될걸."

　　복수란 무시무시한 일이다. 살인에는 종종 복수가
뒤따른다. 프랑스인들은 독일 군인과 동거했던 젊은
여자들을 마을 광장으로 끌고 가 사람들이 보는 앞에서
머리칼을 밀었고, 그사이 다른 사람들은 여자들의 얼굴에
침을 뱉고 뺨을 때렸다. 그 모습을 본 나는 공중에 대고 총을
쏘며 말했다. "다들 비키십시오. 여자를 체포하겠습니다."
나는 여자를 지프에 태우고 한참 떨어진 곳까지 데리고
갔다. "자, 이제 그만 집으로 돌아가요."

　　뉘른베르크의 모두진술에서 나는 말했다. "복수가
우리의 목표가 되어서는 안 됩니다." 나는 복수가 어떤
것인지 알고 있었다. 그것을 내 두 눈으로 직접 목격했다.
무시무시하리만치 끔찍했다. 내 목표는 한 사람 한 사람
모두를 보호할 수 있는 법규를 만드는 것이었다. 고통받은
만큼 되갚아주고 싶은 것이 인간의 마음이겠지만, 우리는 그
마음에 맞서 싸워야 한다. 내가 싫어하고 미워하는 그 일을

해서는 안 된다. 그렇게 하는 순간 나는 또 다른 누군가의 적이 될 것이며, 이러한 순환은 끝없이 되풀이될 것이다. '동요하지 말고 초연하라'는 옛말은 새겨들을 가치가 있다. 모든 사람들이 그렇게 말하는 것은, 그 말이 사실이기 때문일 것이다. 물론 그렇다고 우리의 어떠한 행동도 타인에게 심판받아서는 안 된다는 뜻은 아니다. 정의란 바로 그 때문에 존재하는 것이다.

이 모든 경험을 하는 동안, 당연하게도 내가 유대인이라는 사실이 몹시 마음에 걸렸다. 하지만 나는 내가 유대인 집안에서 자랐다는 이유로 달리 행동하지 않았으며, 종교에 따라 희생자들을 차별대우하지 않았다. 이후 뉘른베르크에서 나는 이런 입장에 따라 더욱 의식적으로 행동했다. 내가 유대인이라는 이유로 그 재판이 유대인의 복수극으로 그려져서는 안 되었다. 나는 유대인 9만 명을 학살한 주요 피고인에 대한 반대 심문을 동료에게 넘겼다.

수용소 안에서 유대인들은 '다윗의 별'을, 공산주의자들은 '붉은 별'을 달게 되어 있었다. 하지만 내가 그곳에 갔을 때 죄수복은 모두 누더기가 되어 구별이 되지 않았다. 그들은 모두 같은 인간이었다.

진실에 대하여

독일에서 돌아온 후, 나는 일자리를 찾는 천만 명이 넘는 다른 미군들의 대열에 합류해야 했다. 나는 보낼 수 있는 모든 곳에 지원서를 보냈다. 대형 로펌의 첫 질문은 '고객을 얼마나 데려올 수 있는가' 하는 것이었다. 유감스럽게도 내가 아는 고객이라고는, 팔에 있는 문신 말고는 아무것도 없는 그런 사람들뿐이었다.

직장을 구하느라 애를 먹고 있던 어느 날, 국방부에서 전보를 하나 받았다. 얘기를 좀 하고 싶다는 것이었다. 나는 곧장 워싱턴으로 갔고, 거기서 미키 마커스 대령의 면접을 봤다. 그는 군 당국에서 준비하고 있는 군사 재판을 위해 참모를 구하고 있었다. 전범 재판에 대해 아는 법률가는 턱없이 부족했고, 군은 절박한 상황이었다.

군 지휘부로 복귀할 가능성이 생겼지만 딱히 내키지가 않았다. 군 재판소는 어딘가 아쉬움이 많이 남아 있었다. 그런데 그때 또 다른 한 사람, 텔포드 테일러 대령에게

가보라는 요청을 받았고, 그 만남이 결국 아주 큰 계기가
되었다. 테일러 대령은 자신이 트루먼 대통령으로부터 미국
정부가 주관할 또 다른 재판의 책임자로 임명받았다고 했다.
독일처럼 문명화된 나라가 어떻게 그런 끔찍한 범죄를
저지를 수 있었는지 밝혀내기 위해, 독일인들의 삶을 다양한
각도에서 파헤치는 일이었다. 국제군사재판소 일이 끝나는
대로 이 작업에 착수할 예정이라고 했다.

나에 대한 기록을 미리 살펴보았다며, 테일러 대령은
내가 종종 명령에 복종하지 않는다는 내용을 지적했다.
"유감입니다만, 정확하지 않은 내용입니다. 저는 때때로
불복종하는 것이 아니라, 대체로 고분고분하지 않습니다.
불법이거나 터무니없는 명령에, 저는 따르지 않습니다."
그렇게 말하며 나는 덧붙였다. 나 역시 대령에 대해
알아봤으며, 다행히 그런 종류의 명령을 내릴 사람이
아니라는 것을 알게 되었다고 말이다.

대령이 웃으며 말했다.

"나와 같이 일하지."

뉘른베르크 재판은 독일 사회의 면면을 전체적으로
조망할 예정이었다. 테일러 대령 말로는, 이미 수감된
용의자들이 몇 있지만 유죄 판결을 내릴 증거가 없다고

했다. 그렇게 나는 독일 정부와 독일 사회의 각 부문들을 집중적으로 다루는 열두 건의 재판에 제시할 증거를 찾는 일을 맡게 되었다. 그 처음은 강제수용소의 희생자들을 대상으로 의학 실험을 한 의사들이었고, 그다음은 정치적인 목적으로 무고한 사람들에게 유죄 선고를 내려 법을 왜곡한 법률가들이었다. 수용소를 짓는 데 자금을 대고 강제 노동자들을 얻은 사업가들, 히틀러의 침략 전쟁에 발판을 마련해준 외교관들, 군대와, 실제로 학살을 자행한 돌격대원들도 그 대상이 되었다. 계획은 모두 끝나 있었다. 나는 합리적인 의심을 넘어 이들의 유죄를 입증할 증거를 확보해야 했다.

나는 베를린에 본부를 세우고 50명 정도 직원들을 꾸려서 정부 각 부처에 그들을 배치했다. 1947년 봄, 그런 일등 조사관들 중 한 사람인 프레더릭 S. 뷰린이 잔뜩 흥분한 채 내 사무실로 뛰어 들어왔다. 뭔가 발견했다며, 마치 두꺼운 뉴욕의 전화번호부처럼 제본된 보고서 뭉치(극비라고 표시되어 있었다)를 나한테 건넸다. 그 보고서는 베를린에 있는 게슈타포 사무소에서 나치 정권의 고위 관료들로 보이는 백 명에게 보낸 것이었다. 배포 목록에는 여러 장군들 외에도 제3제국의 고위 지도자들 명단이 포함되어 있었다. '소련 사건 보고서'라고 되어 있는 그 일간 보고서는

'아인자츠그루펜'이라는 부대에서 나온 것이었다. '특임대' 혹은 '특공대' 정도의 뜻을 갖고 있는 아인자츠그루펜은 이후 나치 친위대의 학살부대로 밝혀졌는데, 자신들의 임무를 숨기려고 일부러 그런 막연한 이름을 붙인 것이었다. 그들의 임무는 아주 간단했다. 괴링 일당이 조직한 이 부대의 임무는 소련과 인근 유럽 국가의 유대인을 몰살하는 것이었다.

아인자츠그루펜은 각각 5백 명에서 8백 명에 이르는 네 개 대대로 조직되어 있었다. 그 보고서는 히틀러 '총력전'이라는 미명 아래, 이 특임대가 얼마나 많은 민간인을 죽였는지를 연대순으로 기록한 것이었다. 백만이 넘어가자 나는 세는 것을 그만두었다. 나치가 6백만 명의 유대인과 천백만 명의 또 다른 민간인들을 고의로 죽였다는 사실은 지금이야 누구나 아는 일이지만, 눈앞에 놓인 기록을 통해 처음으로 그 사실을 알았을 때 나는 도저히 받아들일 수가 없었다.

유대인과 집시, 그리고 독일 제국의 적이라 간주되는 사람들. 이 부대의 계획은 독일군이 유럽을 가로지를 때 독일 전선 바로 뒤에 따라붙어, 이들을 모두 잡아 그 자리에서 몰살하는 것이었다. 아인자츠그루펜은 마을 사람들을 모두 커다란 집단 무덤 앞에 세운 뒤 총을

진실에 대하여

쏘아 쓰러뜨렸다. 사람들은 박멸되어야 할 해충 정도로 취급되었다. 조직적이고 체계적으로 이루어진 일이었다. 인간이 인간을 상대로 저지른 극악무도한 만행이었다. 그것은 거대한 프로그램이었고, 내 손에 바로 그 보고서가 들려 있었다.

나는 곧장 뉘른베르크로 가는 비행기를 예약했다. "테일러 장군님, 또 다른 재판을 잡아야 합니다." 대령에게 말했지만, 변호사들은 모두 배정이 끝났고 예산 책정도 이미 끝났다는 대답이 돌아왔다. 나는 냉정을 잃고 소리쳤다. "이 살인자들을 놓아줄 수 없습니다!"

우리 손안에 어마어마한 규모의 대량 학살에 대한 명백한 증거가 있다고 나는 말했다. 그것은 나치 체제의 모든 고위 관료들에게 전달되었지만, 그들은 하나같이 아무것도 모른다고 했다. 다들 읽는 법을 잊어버리기라도 했단 말인가?

나는 필사적인 심정이 되어, 정 할 사람이 없다면 내가 직접 그 일을 맡겠다고 했다. 대령은 이미 맡고 있는 일을 하면서 동시에 감당해낼 수 있겠냐고 물었고, 나는 할 수 있다 장담했다. 마침내 그가 허락했다. "좋아. 그렇다면 한번 해보게."

트란실바니아 출신의 꼬마 베니는 그렇게 인류 역사상

가장 무시무시하고 끔찍한 살인 사건 재판의 검사장이
되었다. 일부가 복원된 뉘른베르크 정의궁의 주 법정에서
그 재판이 열렸을 때, 나는 스물일곱 살이었다. 내 생애 첫
재판이었다.

동부 전선에서 거의 매일같이 무고한 남자와 여자, 아이들을
살해했던 아인자츠그루펜은 3천여 명에 달했다. 과거
상선商船들이 처음으로 7대양을 건너게 된 이후, 해적선인
줄 알면서도 그 배를 탔다가 체포되는 사람은 널빤지 위를
걷게 한다는 법이 만들어졌었다. 뱃전 밖으로 걸쳐놓은 판자
위를 걸어 바닷속으로 빠지게 하는 형벌이었다. 하지만
우리에겐 수천 명이 넘는 사람들을 얌전히 바닷속으로
밀어 넣을 수 있는 방법이 없었다.
　나는 법정에 세울 사람의 수를 피고석에 마련된 스물두
석으로 제한하기로 했다. 피고는 세 가지 중요한 기준에
따라 추려냈다. 구금 여부와 계급, 그리고 교육의 정도가
그 근거였다. 일반 사병은 기소하지 않기로 했다. 최고위급
인사와 최고 학력자가 필요했다. 최소한 박사 학위
하나 없는 사람은 그 대상이 아니었다. '닥터 박사doctor
doctor'라는 사람이 있었는데, 라쉬라는 이름의 그 사내는
박사 학위가 두 개였지만 나로서는 들어본 적도 없는

분야였다.

　이제 재판을 준비해야 했다. 피고가 있었고 자료도
있었다. 그들 역시 변호인단을 꾸릴 시간이 있었다. 하지만
문제가 있었다. 그들을 무슨 죄목으로 기소할 것이며
또 어떤 형벌을 구형할 것인가? 백 년도 더 전, 헤이그
협약에서 금지했던, 그 전통적인 전쟁 범죄를 죄목으로
기소해야 할까? '집단 학살'로 그들을 기소할 수도 있었다.
제노사이드[1]라는 이 용어를 만든 사람을 나는 알고
있었다. 폴란드 난민 출신 변호사인 라파엘 렘킨은 가족이
모두 나치에 몰살당한 후 고국에서 도망쳐나왔다. 그는
새뮤얼 콜리지의 시에 나오는 노수부[2]처럼, 자기 가족이
독일인에게 어떻게 죽임을 당했는지, 만나는 사람마다
붙들고 이야기했다. 결국 나는 피고들을 집단 살해와
반인도적 범죄로 기소했다. 나는 우리 눈앞에 벌어진 사건의

1　genocide, 인종을 나타내는 그리스어 'genos'와 살인을 나타내는
　'cide'를 합친 것으로, 특정 집단을 절멸시킬 목적으로 그 구성원을
　대량 학살하는 행위를 일컫는다. 보통 종교나 인종, 이념의 대립으로
　발생한다. 1944년 라파엘 렘킨이 국제법에서 집단 학살을 범죄 행위로
　규정할 것을 제안하면서 처음 사용했다.
2　〈노수부의 노래The Rime of the Ancient Mariner〉, 늙은 선원이 결혼식
　하객을 붙들고 자신이 겪은 항해 이야기를 끝없이 들려준다.

내용과 그 규모로 볼 때 그것은 충분히 의도적으로 저지른 반인도적인 범죄이므로 이에 맞게 기소되어야 한다고 주장했다.

어느 일요일 아침, 법정에 혼자 앉아 모두진술을 쓰던 나는, 이 재판이 좀 더 의미 있는 것이 되려면 단순히 공정하기만 해서는 안 된다고 빠르게 결론 내렸다. 나는 집단 살해범 3천 명 가운데 겨우 스물두 명만 걸러냈을 뿐이었다. 하지만 직접 살해에 가담하거나 백만 명이 넘는 사람들이 죽임을 당하는 데 일조했다는 점에서 그 3천 명 모두가 유죄였다. 정의라는 저울이 그 균형을 맞출 방법이 없었다. 재판이 보다 중요한 의미를 지니기 위해서는 그 이상의 무언가를 보여주어야 했다. 살해된 사람들은 살인자들과 인종이나 종교, 이념이 다르다는 이유만으로 죽임을 당했다. 나는 미래에 그런 끔찍한 참상이 되풀이되는 것을 막아야 했고, 보다 인간적인 세상을 위한 초석이 놓일 수 있도록 도와야 했다. 이 세상의 어느 누구라도 법의 보호 아래 평화롭고 존엄한 삶을 누릴 수 있도록 그 권리를 보장해주어야 했다.

스물두 명의 피고인은 인간이 인간에게 행한 반인도적인 행위를 보여주기 위해 내세운 대표자일 뿐이었다. 이렇게 고등교육을 받은 상류층 독일인들이 얼마나 비인간적일 수 있었는지 보여주기 위해 말이다. 나치가 유대인을 그렇게 대했듯, 마치 우리를 죽이려 태어난 듯한 어떤 그룹에게 위협받고 있다고 생각한다면, 그들을 없애려 드는 게 당연할지도 모르겠다. 하지만 그렇게 태어난 사람은 없다. 그것은 비인간적인 생각이며 잘못된 주장일 뿐이다. 우리는 이런 행동으로부터 다음 세대의 인류를 보호할 원칙을 마련해야 했다. 이런 일은 어디서든 또다시 일어날 수 있었다.

첫날, 내 모두진술은 이러했다. "지금 이 자리에서 백만 명이 넘는 무고한 남자와 여자, 아이들을 계획적으로 살해한 이들을 밝혀내는 일은 슬프지만 동시에 희망을 주기도 합니다." 우리가 지금 다루고 있는 이 사건은 '법에 인간성을 호소'하는 일이라고, 나는 덧붙였다. 피고인들은 하나같이 무죄를 주장했다. 뉘우침도 후회도 없었다.

뉘른베르크 재판이 진행되는 동안 겁이 나지는 않았냐는 질문을 종종 받곤 한다. 나는 경험 없는 젊은 검사였고, 눈앞엔 그 전이라면 보자마자 내게 총구를 겨누었을 나치 친위대 장군 여섯 명을 포함한 독일의 집단 학살자들이 있었다. 하지만 나는 두렵지 않았다. 나는 너무나 화가 나 있었다. 나는 어떤 사람도 죽인 적이 없지만, 그들은 사람을 죽였고, 내가 그것을 증명할 수 있다는 사실 또한 알고

있었다. 검사 진술에는 이틀이 걸렸다. 내가 할 말은 다
했다.

"피고석에 앉아 있는 피고들은 인류 역사에 가장 어두운
페이지를 쓴 잔인한 암살자들입니다. 이들은 죽음을
수단으로 삼았으며, 생명을 가지고 놀았습니다. 이런 자들이
기소유예 된다면, 법은 그 의미를 잃고, 우리 인간은 공포
속에서 살게 될 것입니다." 나는 그렇게 끝맺었다. 내 말이
어떤 반향을 불러일으킬지, 우리가 어떻게 법의 역사를 새로
쓰고 있는지, 그때 나는 전혀 알지 못했다.

이후 136일간 변론이 이어졌다. 대량 학살을 옹호하는
가장 흥미롭고도 혐오스러운 주장은, 주요 피고 중 한
사람인 나치 친위대 장군 오토 올렌도르프 박사가 내놓은
것이었다. 보고서에는 그가 이끄는 부대가 유대인 9만
명을 학살했다고 되어 있었다. 사실이냐고 묻자, 그는
부대원들이 숫자를 부풀려서 보고하는 경향이 있었으므로
잘 모르겠다고 대답했다. 실제로 죽인 것보다 더 많이 죽인
것처럼 보이려 했다는 얘기였다. 숫자를 7만 명 정도로
수정하자 그는 동의했다.

올렌도르프는, 유대인들이 단지 유대인이기 때문에
죽어야 했다고 확인해주었다. 집시의 피가 흐르는 사람들은

신뢰할 수 없고 적에게 도움을 줄 수도 있기 때문에 그들 역시 죽어야 했다고, 그는 마치 학생을 가르치듯 설명했다. 부모가 죽임을 당했다는 사실을 알게 되면 자라서 독일의 적이 될 수도 있으니, 유대인 아이들 역시 죽어야 했다. 그는 조국의 장기적인 안보에까지 신경을 쓰고 있었다. 너무나 명료하고 간단했다.

자신의 행동에 대해 올렌도르프가 제시한 또 다른 명분은 정당방위였다. "하지만 독일은 어떠한 공격도 받지 않았습니다. 프랑스와 벨기에, 네덜란드와 덴마크를 침략한 것은 독일입니다." 이 말에 그가 대답했다. "아, 네, 그렇습니다. 하지만 히틀러는 알고 있었습니다. 총통에겐 나보다 정보가 많았으니까요. 볼셰비키들이 우리를 공격하려 준비하고 있었으니 우리가 먼저 공격하는 것이 낫겠다고 판단한 것입니다. 그것은 합법적인 선제공격이었습니다."

그는 뮌헨의 형사 전문 변호사에게서 받은 중요한 전문가 의견이라며, 그것은 완벽하게 합법적이며 범죄가 아니라고 했다. 세월이 흘러, 아흔아홉의 나이에 미국 대통령에게서 정확히 똑같은 말을 듣게 될 줄은 생각도 못 했다. 유엔 총회에서 그는 만약 미국이나 그 동맹국에게 위협을 가한다면 북한을 '박살 내버리겠다'고 협박했다.

독일의 선제공격에 대한 합법적 근거는 어디에도 없었다. 뉘른베르크 법정의 판사 세 명은 그것이 적법한 방어가 아니었다고 판결했다.

전쟁은 올렌도르프에게 인도주의적인 원칙을 포기할 것을 요구했다. 그는 연합군의 드레스덴 폭격과 히로시마 폭격을 떠올리게 했다. 그의 논리는 결국 세계적인 대재앙을 불러왔고, 그는 교수형에 처해졌다. 많은 이들이 비슷한 운명을 맞았다. 형이 선고될 때마다 나는 망치로 머리를 한 대 얻어맞는 기분이었다. 나는 그들에게 사형을 구형하지 않았다. 단지 몇몇이 사형에 처해지는 것만으로 문제가 해결되었다고 생각하게 함으로써 범죄의 규모가 축소되어서는 안 되었다. 사형을 언도받지 않은 이들은 무기징역이나 장기 복역에 처해졌다. 뉘른베르크에서는 재판이 하나씩 끝날 때마다 검사장이 함께 일한 스태프들을 집으로 초대해 사건 종결을 축하하는 것이 관례였다. 내가 주최하는 파티에 참석하지 않겠다고 양해를 구한 사람은 내가 유일할 것이다.

사람들은 히틀러 치하의 독일에서 벌어졌던 일들이 다시는 일어나지 않을 거라고 생각하는 것 같다. 자신이 살고 있는 나라에서는 더더욱 말이다. 하지만 그 일이 벌어진 지 채

백 년도 지나지 않았으며, 당시에도 그런 일이 일어날 거라고는 누구도 생각하지 못했다.

이미 말했지만, 뉘른베르크 법정의 피고인석에 섰던 이들이 늘어놓았던 변론들은 오늘날에도 자주 사용되곤 한다. 전쟁 범죄는 지금도 여전히 세계 곳곳에서 벌어지고 있다. 규모와 조직 면에서 나치가 저지른 범죄에 견줄 수는 없을지도 모르지만, 1945년 이후 이런 범죄들은 여전히 우리 눈앞에서 벌어지고 있다. 진실은 소중한 것이다. 우리의 진실이 무엇이든, 사람들이 당연히 그것을 알고 있거나, 기억하거나, 들을 수 있을 거라고 생각해서는 안 된다. 누가 저질렀든, 전쟁 범죄는 전쟁 범죄다. 그 사실을 상기시키고 책임을 묻기 위해, 나는 권력자들과 평생 동안 싸워왔다.

뉘른베르크에서 내가 법정에 세운 피고들은 평범한 범죄자들이 아니었다. 그들은 모두 교육을 많이 받은 똑똑한 사람들이었다. 경제학이나 법학 학위를 가진 사람들도 있었고, 그중 한 명은 오페라 가수였으며, 루터교 성직자도 있었다. 그들은 모두 어떤 범죄도 인정하지 않았다. 전쟁은, 전쟁이 아니었다면 꽤 괜찮은 사람이었을 이들을 살인자로 만든다. 올렌도르프가 바로 그 본보기였다. 그는 잘생긴 신사였으며, 다섯 아이의 아버지였고, 경제학 학위도 갖고

있었다. 법정에서 그는 모두 솔직하게 진술했다. 그의
발언은 너무나 끔찍했지만 무척이나 논리적이었다. 솔직히
나는 그가 안쓰러웠다.

사형이 언도된 후, 나는 인간 대 인간으로 그와 이야기를
나누었다. 그렇게 이야기를 해본 피고인은 그가 유일했다.
나는 법원 바로 아래 그가 수감되어 있는 교도소로
내려가서, 그와 이야기를 좀 하고 싶다고 했다. 나는
독일어로 내가 해줄 일이 있냐고 물었다. 뭐라도 부탁할
게 있는가? 가족에게 전해줄 말이라도? 그는 자신이
옳았음을 내가 알게 될 거라고 했다. 러시아인들이 먼저
쳐들어왔더라면 공산주의자들에게 이 세상이 넘어갔을
거라고. 그는 법정에서 했던 진술을 되풀이하기 시작했다.
그 남자는 아무것도 깨닫지 못하고 있었고, 그 무엇도
후회하지 않고 있었다. 짜증이 났다. 그런 말을 들으러
그곳에 내려간 게 아니었다. 나는 그의 눈을 바라보며
영어로 부드럽게 말했다. "잘 가시오, 올렌도르프." 그러고는
그의 눈앞에서 소리 나게 문을 닫았다.

그의 교수형 집행에 참관할 수 있었지만, 나는 거절했다.

진실에 대하여

사랑에 대하여

나는 어린 시절의 연인 거트루드와 결혼해서 네 아이를
얻었고, 아이들은 우리에게 슬픔도 기쁨도 모두 안겨주었다.
거트루드를 만난 것은 고등학교에 다닐 때였다. 그녀는
새어머니의 조카였다. 십 대 때 헝가리에서 미국으로
이주해온 그녀는 영어도 할 줄 몰랐고, 돈도 없었으며,
일자리를 구하는 데 필요한 경험이나 기술도 없었다.
당시 나는 시간도 많지 않았지만, 연애에도 딱히 관심이
없었다. 그때까지 '여자애들'은 내 리스트에 없었고, 주변에
새로 나타난 그 여자아이도 그다지 인상적이지 않았다.
나는 그녀에게 풋내기처럼 보인다고 했고, 그녀는 나를
'멍청이'라고 불렀다.

　그 시절에는 누나가 어느 정도 보호자나 다름없었다.
어머니가 일하는 동안 누나가 나를 보살폈는데, 어느 날
누나와 다투게 되었다. 하고 싶지 않은 일을 누나가 시켰던
것이다. 그런데 엄마가 말했다. "누나니까 말 잘 들어.

안 그러면 이 집에서 나가야 할 거야."

　나는 알겠다고 대답한 뒤 테이블 위에 열쇠를 두고 아버지에게로 갔다. 열다섯인가 열여섯 살 때쯤이었다. 깜짝 놀란 어머니가 아버지 집으로 찾아왔다. 나는 늘 어머니 말을 잘 듣는 편이었고, 우리는 그 상황에 대해 차분히 얘기를 나누었다. 그때 옆방에 있던 거트루드가 우연히 우리 대화를 들은 모양이었다. 예의 바르면서도 설득력 있는 내 이야기에 거트루드의 마음이 움직였고, 얼마 지나지 않아 그녀는 내가 멍청이가 아니라는 것을 인정하게 되었다. 그리고 나 역시 그녀의 지식과 언어 능력, 그리고 어떻게든 학업을 마치려고 야간학교에 다니는 의지에 깊은 인상을 받았다. 이 새파란 풋내기가 장밋빛을 띠더니, 그녀가 아주 예쁘다는 사실이 눈에 들어오기 시작했다.

　우리는 서로의 손을 잡고 긴 산책을 하기 시작했고, 가까운 친구가 되었으며, 곧 데이트를 시작했다. 그녀에게 좋아한다고 말한 적은 없는 것 같다. 그럴 필요가 없었다. 우리는 천천히 서로에 대한 감정을 깨닫게 되었다. 그렇게 우리는 연인이 되었다. 첫 키스를 기억하고 있다고 하면 거짓말처럼 들리겠지만, 우리는 수없이 입을 맞추었고 많은 입맞춤이 기억에 남아 있다.

　두 사람 다 돈이 없었기 때문에 공짜로 뭔가를 배울 수도 있는 쿠퍼 유니언[1]에 강의를 들으러 가는 것이 우리의 가장 큰 즐거움이었다. 5센트밖에 안 하던 지하철 요금도 우리는 종종 각자 냈고, 다른 데이트 비용도 나누어서 부담했다. 가끔은 트레몬트 애비뉴에 있는 스터비즈 아이스크림 가게로 그녀를 불러 핫초코를 사거나, 브롱크스 동물원에 가서 원숭이를 보고 벤치에 앉아 함께 일몰을 보기도 했다. 그 시절 빙 크로스비를 좋아했는데, 그의 노래 중에서도 특히 〈크리스마스엔 집에 갈 거야I'll Be Home For Christmas〉를 그녀에게 불러준 적도 있었다. 나는 노래를 꽤 잘하는 편이었다. 그녀는 노래 쪽은 영 아니었지만.

거트루드는 낮에는 봉제 공장에서 일하고 밤에 야간학교를 다녔다. 그녀는 총명한 학생이었고, 사회사업을 하고 싶어 했다. 우리는 공통점이 무척 많았다.

하지만 돈이 없어서 결국 깨지고 마는 가정들을 많이 보았기 때문에, 나는 가족을 부양할 능력이 되기 전까지는 결혼하지 않겠다고 결심한 터였다. 거트루드와 나는 이 문제에 대해 어릴 때부터 상의해왔다. 나는 로스쿨에

---

1 뉴욕 맨해튼에 있는 대학으로, 정식 명칭은 The Cooper Union for the Advancement of Science and Art이다. 건축, 미술, 공학, 세 가지 전공만 개설되어 있지만 모두 최상위권 수준으로 2014년까지 전액 무료 장학금으로 운영되었다.

갈 거라고 했다. 전쟁이 일어날 줄은 짐작도 못 했지만
전쟁은 벌어졌고, 나는 그녀에게 다른 사람이 생기게 되면
억지로 나에게 매여 있을 필요는 없다고 했다. 하지만
그녀는 묵묵히 기다려주었다. 전쟁이 끝날 때까지, 나는
오직 나만의 '여자 친구'가 보내주는 사진과 편지에서
큰 위로를 받았다. 그녀는 내가 보낸 편지를 모두 구두
상자에 모아두었고, 그것들은 나중에 내가 기증한 다른
자료들과 함께 홀로코스트 메모리얼 박물관의 기록보관소에
전달되었다. 그 편지들은 '국보'가 되었다. 최첨단의 시대인
요즘에도, 나는 젊은 연인들을 보면 꼭 서로에게 편지나
카드 혹은 쪽지를 쓰라고 권하곤 한다. 그것들은 시간이
흐를수록 큰 보물이 될 것이다. 소중한 이들에게, 우리가
그들을 얼마나 아끼는지를 알게 하는 것은 정말 중요한
일이다.

뉘른베르크에서 일자리를 제안받았을 때, 워싱턴에 있던
나는 거트루드에게 전화를 걸어 신혼여행으로 유럽이
어떻겠냐고 물었다. "좋아요." 그녀가 대답했다. "바로
그거야." 그게 곧 청혼이었다. 우리는 결혼했고, 몇 주
지나지 않아 나는 뉘른베르크로 떠났다.
　　당시에는 최고위급 인사 몇몇을 제외하고는 아내들은

남편을 따라 해외로 갈 수 없었다. 내가 배에 오르자마자 거트루드는 뉘른베르크의 전쟁성 비서직에 지원했지만, 내가 독일에 주둔하고 있다는 사실이 드러나 채용이 취소되었다. 내가 베를린에서 뉘른베르크 재판에 쓸 증거를 모으기 위해 사무실을 꾸리고 다른 동료들 몇몇과 함께 독신자 숙소에서 지내는 동안, 거트루드는 꼼짝없이 뉴욕에 묶여 있어야 했다.

마침내 군의 규정이 바뀌어, 해외에 파견되어 일하고 있는 사랑하는 가족들과 함께 지낼 수 있게 되자, 거트루드는 아내들을 태우고 뉴욕에서 독일로 가는 첫 육군 수송선에 올랐다. 하지만 출항하기도 전에 배가 고장 나는 바람에 출발이 일주일 미루어졌다. 다시 바다로 나갔지만 이번에는 얼마 지나지 않아 갑판에 불이 붙었고, 마침내 이들이 항구에 도착한 건 1946년 9월의 일이었다.

안타깝게도 남자들은 아내를 마중하러 항구로 내려가는 게 허락되지 않았다. 나는 힘을 좀 쓰기로 했다. 거트루드에 대한 체포 영장을 준비한 것이다. 배가 부두에 정박하는 대로 직접 전달할 생각이었다. 부두에 도착하자 경비대가 출입 허가증을 요구했고, 나는 전범 용의자를 데리러 왔다고 말하고 통과했다.

배는 부두에 굵은 밧줄로 묶여 있었다. 내가 가까이에

다가가자 난간에 매달려 있던 여자들이 소리쳤다. "베니다! 저기 베니예요!"

거트루드였다. 어떤 일이 있더라도 나, 베니가 나올 거라고 그녀가 여자들에게 말했던 것이다.

나는 그녀를 찾아 트랩에 올랐다. 마침내 그녀를 발견했고, 우리는 그 자리에서 서로 끌어안고 입을 맞추었다. 함장이 불같이 화를 냈다. "저자는 대체 누구야! 어떻게 여길 들어온 거야? 당장 배에서 끌어내!"

통행권을 보여주었지만, 그는 그따위 종이쪽지는 믿을 수 없다고 했다. 그도 그럴 것이, 전범 담당 검사가 증인을 끌어안기부터 하는 일은 없으니 말이다. 그들은 나를 배 밖으로 끌어냈다. 부둣가에 앉아 있으려니, 여자들이 나한테 쪽지를 던졌다. 남편에게 자신들이 도착한 것을 전화로 알려달라는 것이었다. 나는 그들 모두에게 전화를 걸어주었다.

거트루드는 나와 함께 베를린으로 갔고, 독일어를 할 줄 알았기 때문에 군에 일자리를 얻었다. 나는 문서보관소를 살펴보느라 독일인 조사원을 쓰고 있었는데, 나중에는 결국 거트루드가 그 일을 맡게 되었다. 좋은 동네에 집도 얻었다. 즐거운 시절이었다.

우리는 자주 베를린의 극장에서 구 소련의 오페라 무대와

발레 스타들의 공연을 보면서 행복한 저녁을 보냈다. 뉴욕에서는 형편 때문에 엄두도 못 내던 것들이었다. 가끔씩 거트루드는 정신없이 바쁜 내 일정을 일부러 방해하곤 했다. 우리가 신혼여행을 가기로 되어 있었다는 사실을 상기시키면서 말이다. 그녀가 옳았다. 물론 배우자의 일을 이해하고 또 지지해야 하지만, 서로를 위한 시간은 어떻게든 낼 수 있고, 또 그렇게 해야만 한다.

휴가 동안, 우리는 공산주의자들의 치하에 있어 출입이 금지된 지역을 제외하고는 유럽 구석구석을 꽤 많이 둘러보았다. 스위스와 밀라노, 바이에른 알프스에 있는 휴양 시설에 머물렀으며, 밀라노의 유명한 오페라하우스와 무솔리니의 시체가 거꾸로 매달렸던 로레토 광장의 주유소에도 가보았다. 누구도 우리 부부가 낭만을 모른다 하지는 못할 것이다.

전후 초기 독일에서 거트루드는 1938년식 빈티지 모델의 새 메르세데스 세단을 샀다. 초창기 우리 여행의 목적 가운데 하나는 전쟁에서 목숨을 잃은 이들을 추모하는 것이었다. 우리는 미군 묘지와 전쟁 기념비를 둘러보았고, 입구마다 표지판을 세울 생각도 했다. '이것이 정말로 필요했던 일인가?'라고 적어서 말이다.

내가 클라이드라면 그녀는 보니[2]였다. 언젠가 메라노에서 뮌헨까지 운전해서 이동하던 길이었다. 목적지까지 가는 길에 이탈리아 알프스가 있다는 사실을 나는 미처 알지 못했다. 용기와 리더십을 보여주고 싶었던 나는 전혀 문제없다고 큰소리치며 계속해서 운전해갔다.

하지만 얼마 못 가 산마루 꼭대기로 이어지는 길은 끊어졌고, 우리는 벼랑 끝에 위태롭게 걸리게 되고 말았다. 날은 점점 추워지고 있었고, 가장 가까운 마을도 30킬로미터나 되돌아가야 했다. 걸어서 돌아가다가는 얼어 죽을 게 뻔했고, 도움을 요청할 이는 어디에도 보이지 않았다.

몸을 덜덜 떨면서 차에서 내린 거트루드가 나한테 지시를 내리기 시작했다. 시계추처럼 흔들리는 차 때문에 잔뜩 긴장한 채 나는 그녀가 시키는 대로 조심조심 차를 후진시켰고, 차는 배수로 쪽으로 쭉 미끄러져나왔다.

순간 내가 십 대 때 푹 빠졌던 부다페스트 출신의 헝가리 소년, 마술사 에릭 와이즈가 떠올랐다. 해리 후디니라는 예명으로 활동했던 그 아이는 몸속에 작은 잭을 숨기고

---

2 1930년대 미국의 유명한 범죄자 커플로, 여러 흉악한 범죄를 저질렀음에도 영웅처럼 미화되어 대중들의 인기를 누렸다. 이들의 이야기는 여러 차례 영화로도 만들어졌다.

사랑에 대하여

있다가 자물쇠가 채워진 상자에서 탈출해나왔다. 나는 메르세데스에 작은 잭이 장착되어 있다는 사실을 떠올렸고, 잭을 이용해 조금씩 조금씩 차를 뒤로 움직여 다시 길 위로 올라섰다. 어쩌면 요술쟁이의 주문 같아 보일지도 모르지만, 그것이 바로 팀워크일 것이다.

길을 잘못 들어섰다는 사실을 깨달았다면 곧장 돌아 나와야 한다. 비록 그것이 우리가 무언가를 할 수 없다는 사실을 인정해야 한다는 뜻이라 할지라도 말이다. 잘못된 길을 계속해서 고집했다가는 벼랑 아래로 곤두박질칠 수도 있는 것이다. 이것은 논쟁에서도 마찬가지다.

그 일 말고도, 거트루드와 나는 베를린의 폐허 위를 날던 비행기에 불이 붙어 낙하산을 타고 뛰어내리다가 가까스로 죽음을 피한 적도 있었다. 1948년, 우리는 한 사건의 판결을 기다리고 있었다. 나와 테일러 대령, 대령의 보좌관, 그리고 그 아내들은 엔진 두 개짜리 낡은 C-47 프로펠러 항공기를 타고 베를린에서 뉘른베르크로 돌아가던 중이었다. 몹시 궂은 날이었다. 비가 내리고 바람이 불어 시야가 좋지 않았다. 비행 규정에 따라 모두 낙하산 하네스를 매고 있었다. 낙하산 끈이 너무 헐거운 것 같다고 거트루드가 지적했지만 나는 그녀가 떨어질 일은 없을 거라고 농담을 했다. (눈치도 없는 이 못된 농담이라니!)

　이륙한 지 몇 분도 안 되어, 테일러 장군이 오른쪽
엔진에서 기름이 새는 것을 발견했다. 뒤이어 엔진에서
폭발음이 났고, 조종사는 당장 엔진을 멈추어야 했다.
항공기가 빠르게 추락하기 시작하자 기장이 소리쳤다.
"모두 밖으로!" 나는 거트루드의 손을 잡고 서둘러 뒤쪽으로
갔다. 바람 때문에 문이 잘 열리지 않았다. 그나마 벌어진
문틈으로 어떻게든 몸을 밀어 넣으려 발버둥 치던 나는
갑자기 문이 활짝 열리는 바람에 구름 속으로 떨어지고
말았다.

　나는 낙하산을 펼치려 얼른 립코드를 잡아당겼고, 그대로
축구장 한가운데로 내동댕이쳐졌다. (미국의 낙하산부대가
나를 퇴짜 놓다니 믿을 수가 없다. 이 얼마나 아까운 재능
낭비인가.) 숨을 고르자마자 나는 인근에 있는 한 집으로
달려가 관제탑에 전화를 걸었다. 관제탑에서는 항공기가
방금 비상 착륙했으며, 착륙 직전에 한 미국 여성이
뛰어내렸다고 알려주었다. 인상착의를 묻자, 체크무늬
재킷을 입었다고 했다. "제 아내입니다." 나는 독일어로
소리쳤다.

　마침내 거트루드를 만났을 때, 그녀의 옷매무새는
엉망으로 흐트러져 있었다. 군데군데 긁히고 베인 상처도

　　　　　　　　사랑에 대하여

눈에 띄었다. 나를 보자마자 그녀는 목 놓아 울음을
터뜨렸다. 항공기에서 떨어졌을 때 내가 죽었다고 생각한
모양이었다. 그런데도 나를 따라 밖으로 뛰어내린 것이다.

　다음 날 나는 낙하산을 찾으러 갔다. 러시아가 점령한
영역에 떨어지긴 했지만, 그것은 미국 정부의 자산이라고
설명했다. 그 낙하산은 나중에 고향으로 돌아온 후,
정원에서 가족 파티를 하거나 할 때 텐트로 인기 있는
아이템이 되어주었다.

거트루드와 나는 뉘른베르크에 있을 때 아이를 갖기
시작했다. 5년 동안 우리에겐 네 명의 아이가 생겼다. 나는
열둘은 낳고 싶었지만, 의사가 그러려면 아내가 두 명은 더
있어야 할 거라고 했다. 스물아홉에 첫째 딸 캐롤(나중에
이름을 케리로 바꿨다)을 얻은 후, 얼마 지나지 않아 둘째
딸 로빈 이브가 생겼고, 뒤이어 아들 도널드와 막내 니나
데일이 태어났다.

　아버지가 되는 것은 무척이나 흥분되는 일이었다.
아이들과 함께하는 삶은 그 자체로 기쁨이었다. 우리 가족은
행복했다. 물론 그렇다고 문제가 없었다는 뜻은 아니다.
한때는 거트루드와 함께 정신과 의사를 찾아가 조언을 구한
적도 있었다. 십 대가 된 아이들은 전혀 통제가 되지 않았다.

의사는 아이들이 좀 더 편안해질 때까지 기다려야 한다고
했다. 아이들은 곧 괜찮아질 거라고, 아이들에겐 좋은
부모와 좋은 가족이 있고, 또 바르게 자랐다고도 했다. 잊지
말아야 한다. 사춘기는 일시적으로 제정신이 아닌 시기라는
것을 말이다. 그때는 우리 모두가 반쯤은 미쳐 있는 것이다.

　거트루드는 나보다 아이들을 더 잘 다루었다.
어쩌면 그것은 내가 가장으로서 더 큰 부담을 느끼고
있어서였을지도 모르겠다. 나는 어떠한 위험도 겪지
않도록 아이들을 보살피고 도와야 했다. 예를 들면, 학기가
끝나자 영국의 기숙학교에 있던 첫째와 둘째, 두 딸이
집으로 돌아왔다. 기숙학교에서 지내는 걸 내켜하지 않던
아이들의 엄마가 아이들과 가까이 있기를 원해서였다.
해외에서 방학을 보내지 못하게 되어 짜증이 난 딸들은
집에서 나가겠다고 선언했다. 거트루드는 아이들에게
각각 하나씩 배낭을 사주고 얼마간 돈을 주면서, 어디로
가든 가족 주치의에게 얘기하라고 다짐을 받았고, 절대로
히치하이킹은 안 된다고 주의를 주었다. 다음 날 밤, 그녀가
아이들이 도망가는 중이라며 나를 깨웠다. 열여섯 살이던
케리는 비밀 통로인 양 침실 창문에서 지붕 위로 밧줄을
던져올렸고, 열다섯 살 로빈은 곧장 현관문으로 걸어
나갔다. 꼬박 하루가 지나 우리의 두 금발머리는 메릴랜드주

로럴에서 히치하이킹을 하다가 경찰에 붙잡혀 근처 아동 보호소로 보내졌다. 우리는 정말이지 안도했다.

나는 그곳 판사에게 전화를 걸어, 내가 변호사이며 그 두 아이의 아버지라고 설명한 뒤 부탁을 좀 하고 싶다고 했다. 그러고는 법적으로 아이들을 며칠이나 그곳에 잡아둘 수 있는지 물었다. "우리는 호텔을 운영하는 게 아닙니다." 그가 말했다. 나는 먼저 사과한 뒤, 어떤 비용이라도 기꺼이 주 정부에 배상하겠지만, 바로 풀려나면 아이들이 곧장 또 달아날까 걱정스럽다고 했다. 판사는 아이들을 열흘 동안 구금했고, 그동안 아이들 엄마는 몇 번 보석을 신청했지만 모두 실패했다. 아이들은 다시는 집을 나가지 않았다.

뉘른베르크 재판 절차가 모두 마무리되고 나자, 여러 유대인 단체들이 찾아왔다. 독일에 남아 보상 프로그램을 마련해달라는 것이었다. 하지만 우리는 첫째 딸이 학교에 들어갈 나이가 되자마자 미국으로 돌아왔는데, 그 이유는 단 하나, 아이들이 독일에서 학교를 다니게 하고 싶지 않아서였다. 하지만 미국에서 다시 일자리를 구하는 것은 쉽지 않았다. "아주 멋지군요. 나치를 목매달 일이 생기면 연락하죠." 대형 로펌들은 그렇게들 말했다.

나는 지하철에서 넘어져 다리가 부러졌다는 식의,

특히 뉴욕에서 흔히 일어나는 사건들만을 맡다가,
내 오랜 친구이자 동료이며 항공기 사고의 생존자인
테일러 장군과 함께 로펌을 차렸다. 나는 언론의 자유나
매카시즘McCarthyism[3] 사건처럼 가망 없는 사건을 맡는
변호사로 알려지기 시작했다. 수임료도 승소했을 때
사례금을 받는 성공보수로 받았다. 나는 신중하고 현명하게
투자했고, 가난한 어린 시절에 비하면 상대적으로 부자가
되었다. 그것은 곧 좋은 일을 하는 데 그 돈을 쓸 수 있다는
뜻이었고, 지금까지 계속 그렇게 하고 있다.

그러는 사이 베이비시터에게 맡겨도 될 만큼 아이들이
크자, 거트루드는 곧장 학교로 돌아가 학위를 땄다. 그녀의
나이 마흔다섯이었다. 나는 아이들과 함께 그녀의 졸업식에
갔다. 그녀는 늘 아이들보다 성적이 좋았다. 그녀는
야간학교에 다니며 고등교육과정을 이수했고, 보건교육
석사 학위를 받아 마침내 교사 자격을 얻었다. 그리고
오래지 않아 학교에 새 일자리를 얻었다.

안타깝지만 그녀의 첫 교직은 마지막 직장이 되었다.

---

3 1950년대 미국에서 일어난 반공 사상으로, 1950년 2월, 미국 공화당
   상원 의원 J.R. 매카시가 국무부의 진보적 성향을 띤 205명에 대해
   추방을 요구하고, 많은 지도층 인사들을 공산주의자로 몰아 공격한
   데서 발단이 되었다.

그녀는 수업 시간에 종종 교실 문을 걸어 잠가야 하는, 거친 고등학교에 채용되었다. 무척 힘들고 두려운 일이었다. 그녀는 학급 정원을 반으로 줄여야 한다고 요청했지만, 그 제안은 그녀가 학교를 떠날 때까지도 받아들여지지 않았다. 우리는 거트루드가 좀 더 안전한 직업을 가져야 한다는 데 합의했고, 거트루드는 가족계획연맹⁴에서 자원봉사자로 일하게 되었다. 그곳에서 그녀는 각종 상담이 필요하거나 임신에 관해 조언을 받으러 온 어린 여자아이들을 만나게 되었는데, 그중에는 강간 피해자들도 있었다. 부모님이나 의사, 신부에게는 도저히 말할 수가 없었던 아이들은 도움이 절실했다. 몇 년간 무보수로 일하면서, 그녀는 어느 누구에게도 어떻게 해야 할지 억지로 종용한 적이 없었다. 아이들에게 여러 선택지만 제시해주었다. 하지만 그 일이 얼마나 힘들고 괴로웠는지 나는 안다.

그렇게 우리의 삶은 계속되었다. 함께 나이가 들면서, 우리는 뉴욕 뉴로셸의 추운 겨울을 피해 플로리다 델레이 비치에 있는 작은 콘도미니엄 아파트로 거처를 옮겼다. 지금 이곳, 아이들이 나를 보러 오는 곳이다. 아이들과는 잘

4 Planned Parenthood, 미국의 비영리단체로 가족계획, 모자 보건,
   성교육 들에 관한 자문과 정보, 의료 서비스를 제공한다.

지내고 있다. 변호사가 된 아들은 나와 함께 세계 평화와 관련된 일을 하고 있으며, 다른 아이들도 모두 대학을 졸업하고 전문직에 종사하다가 지금은 다 은퇴했다.

거트루드는 2019년 9월 14일에 세상을 떠났다. 임종 때 찍은 그녀의 사진을 나는 늘 지니고 있다. 다른 사진 속 그녀는 마치 영화배우 같아 보인다. 하지만 그녀는 내면 역시 아름다웠고, 그 사실이 더욱 중요하다. 그녀에게는 고마운 것이 너무 많다. 결혼을 전제로 10년간 연애를 하고, 또 74년 동안 결혼 생활을 유지하면서도 우리는 단 한 번도 다툼이 없었다. 나는 운이 좋은 사람이었다. 그녀가 숨을 거둘 때, 나는 곁에서 밤새 그녀의 손을 잡고 있었다. 지금도 너무나 그립다.

    그녀의 어떤 점이 제일 좋았는지 콕 집어 말할 수는 없다. 모든 것이 좋았다. 그녀는 상냥하고 지혜로웠으며 품위 있고 까다롭지 않았으며 관대했다. 우리는 서로의 의견을 존중했기 때문에 어떤 의견 차이도 좁힐 수 있었다.

    그녀는 매우 끈기 있는 사람이었고, 훌륭한 어머니였으며, 좋은 아내였다. 내가 하는 일을 언제나 믿어주었으며, 내가 곁에 없어도 너그러이 봐주었다. 내가 쓴 모든 책은 그녀에게 바친 것이다. 그녀는 내가 쓴 모든 원고를 가장

사랑에 대하여

먼저 읽어주었으며 조언과 충고를 아끼지 않았다.

　우리는 진정한 동반자였다. 그녀는 내가 하는 모든 일의 충실한 동료로서, 갖가지 어려움과 그 뜻을 공유했다. 그녀의 인내와 이해는 더 평화로운 세상을 만들기 위한 내 모든 노력에서 없어서는 안 될 버팀목이었다. 성장 환경도 비슷하고, 비슷한 어려움을 겪었으며, 비슷한 가치와 목표를 공유한 우리는, 역시 똑같이 세상을 더 나은 곳으로 만들겠다고 결심했으므로, 수십 년간 끈끈한 유대 관계를 유지할 수 있었다.

　그녀의 애정을 얻은 것이 내게는 가장 값진 승리였다.

끈기에 대하여

내가 전쟁에서 살아남은 것은 순전히 운이 좋아서였다.
총알들은 키가 작은 내 머리 위로 날아갔다. 어떤 단점이
있더라도 항상 긍정적인 면이 있는 것이다. 나는 이등병에서
대령으로, 준장에 준하는 주요 업무를 담당하는 군무원으로
진급했다. 원래 하고 싶었던 일은 아니었지만, 군대에서
열심히 한 덕분에 나는 쓸모 있는 존재가 되었고, 그 안에서
뭔가를 이루어냈다. 군대에 가지 않았다면 내 삶은 많이
달라졌을 것이다. 이따금 우리 앞에는 오르고 싶지 않은
사다리가 나타나곤 하지만, 그것은 우리가 그 사다리를
오르지 못한다는 뜻은 아니며, 사다리 위에 섰을 때 보일
풍경을 싫어하게 될 거라는 뜻 역시 아니다. 우리 앞에 놓인
상황이 완벽하지 않다고, 우리가 꿈꾸던 것이 아니라고,
외면하고 거부해서는 안 된다. 열심히 노력하고 최선을
다하면 어떤 일이든 처음 생각했던 것보다 훨씬 보람 있다는
것을 알게 될 것이다.

뉘른베르크 법정은 전쟁이 남긴 문제들을 처리하는 데 법이
할 수 있는 역할을 모두 끝내지는 못했다. 다음에 올 것들은
더 많은 시간이 걸릴 것이다. 하버드 로스쿨 첫해, 불법
행위에 대한 수업에서 나는 감정과 이성이 있는 사람이라면
누구라도 이해할 수 있는 사실 하나를 배웠다. 불법 행위로
인해 법을 어겨 타인에게 손해를 입히는 경우, 그에 따른
손해 배상을 해야 할 의무가 발생한다. 이제 역대급 규모의
사건으로 그 원칙을 확인해볼 시간이었다.

　패전국이 그들의 불법 행위로 인해 고통받은 피해자
한 사람 한 사람에게 개인적으로 보상하는 일은 인류 역사상
없던 일이었지만, 나는 그래야만 할 때라고 느꼈다. 불법
행위에 대한 법률의 단순하고 명료한 기본 원칙을 이용해서,
나는 물었다. 강제수용소에서 벌어진 일들에 대해 우리는
어떻게 보상받을 수 있을 것인가.

　전쟁이 끝난 후, 서독과 동독이라는 새로운 두 나라는
바로 직전의 과거를 인정하고 받아들여야 했다. 쉽지 않은
일이었다. 1949년에서 1963년까지, 서독 총리는 독실한
가톨릭이며 반나치주의자였던 콘라트 아데나워였다. 1951년
그는 대국민 연설에서 독일이 유대인을 상대로 끔찍한
범죄를 저질렀으며, 독일은 이에 보상할 의무가 있다는
사실을 인정했다.

이 연설을 바탕으로 세계유대인회의World Jewish Congress 의장인 나훔 골드만은 독일에 대한 유대인의 요구를 검토하기 위해 회의를 소집했다. 그것이 바로 '대독유대인청구권회의The Conference on Jewish Material Claims Against Germany'였다. 나 역시 그 자리에 있었다. 회의는 뉴욕에 있는 한 호텔에서 열렸다. 나는 이미 군정법에 따라 개개인의 피해자들이 미처 청구하지 않은 유대인의 재산을 환수하는 임무를 맡고 있었다. 말하자면 전문가 자격으로 그곳에 있었다. 의장은 다른 주요 유대인 자선단체들을 그 회의에 초청했는데, 뭔가 해야만 한다는 아데나워의 말에 어떻게 대응해야 할지 함께 논의하기 위해서였다.

보상 문제를 논의하는 것조차 반대하는 유대인 젊은이들이 회의장 문을 억지로 열고 들어온 것이 기억난다. '뭐라고? 여기 앉아 우리 부모를 죽인 살인자들과 돈 얘기를 하겠다고? 부끄럽지도 않은가?' 그들은 말하자면 그런 입장이었다. 전후에 새로 건설된 이스라엘 역시 똑같은 정서가 만연했다. 이 문제로 폭동까지 일어날 정도였다. 하지만 전반적으로는 이 청구권회의가 서독 정부와 만나는 것에 합의했다. 잃어버린 목숨에 값을 매기고 청구하지는 않겠다는 데 대한 합의는 금세 이루어졌다. 할아버지가

할머니보다 더 가치 있는 분이었는지 따위를 두고 논쟁하는
일은 없어야 했기 때문이다. 그것은 아주 민감한 문제였다.
피해에 대한 구체적인 배상금을 요구해야 한다는 조건 역시
빠르게 합의되었다. 한 사람 한 사람에게 모두 보상해줄
수 있다면 당연히 그렇게 해야 하지만, 그럴 수 없다면
다른 식으로라도 해야 한다. 미래에 이들을 보호하기 위한
법을 통과시킨다거나, 적절한 행동과 그렇지 못한 행동을
규정하는 기준을 마련하는 것과 같은 것들처럼 말이다.

그렇게 나는 전 세계 주요 유대인 단체 대표들과 함께,
(범죄가 일어났던 당시에는 존재하지 않았던 국가인)
이스라엘과 대독유대인청구권회의, 그리고 역시 범죄가
일어났던 당시에는 존재하지 않았던 새 독일 정부 사이의
조약들이 타결되도록 도왔다.

다들 불가능한 일이라고들 했다. 역사상
전례 없는 일이었다. 하지만 서독은 이스라엘과
대독유대인청구권회의, 그리고 유대인이든 아니든 나치로
인해 희생된 그 외 다른 피해자들에게 엄청난 금액을
지불했다. 물론 쉽지 않은 일이었고, 까다로운 일이었다.
언젠가 우리가 추구할 만한 가치가 있다고 생각하는 어떤
일에 대해 다른 모두가 그렇지 않다고 말한다면, 그때
이 일을 떠올려보아도 좋겠다. 내 경력에서 최고의 성과를

꼽으라면, 나치의 박해에서 살아남은 이들을 위한 보상과 관련해 내가 힘을 보탤 수 있었던 일일 것이다. 해내기 전까지는 모든 일이 불가능한 법이다.

지금까지 사는 동안 나는 그전에는 불가능했던 많은 것들이 결실을 맺는 것을 보아왔기에, 또 다른 불가능을 위해 애써보기로 마음먹었다. 직접 보는 것들은 믿을 수가 있다. 내 이야기가 다른 이들에게 어떤 영감을 줄 수 있기를 바란다. 분명 그럴 수 있을 것이다. 한 사람의 이야기만으로는 그런 믿음을 유지해나가기가 쉽지 않을 수도 있겠다. 하지만 우리와 비슷한 얼굴에, 비슷하게 말하고, 같은 곳에서 온 사람들의 이야기라면 좀 더 와닿을 것이다. 그런 사람들과 그들의 이야기에 귀를 기울이면, 목표가 의심스러워지거나 어려운 일이 생겼을 때 그것들을 떠올리고 의지를 다질 수 있을 것이다. 그것이 무엇이든 간에, 희망과 꿈을 향해 고군분투하다 보면 바다에서 제자리 헤엄을 치고 있는 것만 같은 기분이 들 때가 있을 것이다. 그럴 때 나와 비슷한 사람들이 과거에 그 일을 해냈음을 증명해주는 이야기들을 잘 정리해두면, 마치 성채의 흉벽 위에 서 있는 듯 사실은 발아래에 높이 쌓아올린 견고한 토대가 있음을 깨닫게 될 것이다.

그리고 불가능해 보이는 그것을 해낸 사람이 된다면,

끈기에 대하여

그 이야기는 다시 널리 퍼져서 우리와 비슷한 사람들이
스스로를 믿게 할 수 있을 것이다.

뉘른베르크의 재판장 마이클 무스마노는 '법이 있는 곳에
법정이 생긴다'는 사실을 절감했다. 그는 국제형사재판소를
장차 반인륜적 범죄를 줄이고 이념 간의 증오와 폭력을
퇴치할 수단으로 보았다. 그는 지성과 의지를 겸비한
우리 인간이 '인류를 보존할' 재판소를 유지할 수 있기를
바란다고 밝혔다. 내 것이기도 한 그 희망을, 나는 지금까지
계속 간직하고 있다. 그리고 그곳을 떠났다. 나는 존경하는
친구이자 유엔에서 고문으로 일하고 있던 이스라엘 출신의
제이콥 로빈슨 박사를 만나, 영구적인 국제형사재판소
설립을 위해 일하고 싶다고 했다. 그는 대답했다. "벤,
자네를 떠나보내고 싶지 않구먼. 자네는 불가능한 일을
하겠다고 하지만, 해내기만 한다면 그건 아주 가치 있는
일일걸세."
　　제2차 세계대전 때 일어났던 일들은 어쩌면 지금은 모두
영화처럼 보일지도 모르겠다. 하지만 그 일들은 실제로
일어났고, 오늘날 우리 앞에 직면한 전투는 그런 일이
다시는 일어나지 않도록 막는 것이다. 그러기 위해서 어떻게
해야 하는지 나는 벌써 열두 권의 책을 썼지만, 한 가지만

알면 된다. 그것은 바로 분쟁을 해결하는 방법에 대한
사람들의 생각을 바꾸는 것이다.

　내가 이 일을 해야겠다고 마음먹은 것은, 이 일이 옳기
때문이었다. 어떤 일을 해야 할지 말아야 할지를 정할 때
무엇보다 이를 기준으로 삼았으면 좋겠다. 그 일이 쉬운지
어려운지 생각해서는 안 된다. 옳은 일인지 그른 일인지를
따져 옳은 쪽을 선택하는 것이다.

　1970년대 초, 나는 국제 질서의 정의라는 대의에 더욱
전념하기 위해 이윤을 목적으로 하는 사건들은 모두
포기했다. 책을 쓰고, 유엔에서 개최되는 모든 회의에
참석했으며, 최대한 많은 사람들을 만나 내가 하는 일을
설명하고, 칼럼을 쓰고, 강의를 했다. 나는 말했다. "제2차
세계대전 이후 우리는 뉘른베르크 법정을 열었습니다.
그걸로 된 것 같습니까? 더는 법정이 필요하지 않다고
생각합니까? 이대로 없애버릴 겁니까?"

　1998년, 마침내 국제형사재판소ICC 설립이 눈앞으로
다가왔다. 166개 회원국이 참석한 유엔 총회에서
국제재판소 설립을 위한 기조연설을 하면서, 나는 꽤
긴 잔소리를 늘어놓았다. 바로 지금, 이곳이어야 한다고
말했다. 말할 수 없는 이들, 이미 희생된 이들을 대변하기
위해 왔다고, 나는 그렇게 말했다.

2000년 가을 클린턴 정부가 끝나갈 무렵, 로마 규정[1]의 서명 시한이 점점 다가오고 있던 어느 날이었다. 베트남전이 한창이던 1961년에서 1968년까지 미 국방 장관을 지낸 로버트 맥나마라에게서 전화를 한 통 받았다. 그는 내게 〈뉴욕타임스〉 기명 논평란에, 미국에 ICC에 조인할 것을 촉구하는 내용으로 글을 써주었으면 한다고 했다. 맥나마라는 베트남에서 미국의 군사적 대응을 설계한 사람이었다. 나는 말했다. "장관님, 국제재판소가 생기게 되면 장관님이 그 첫 피고들 중에 한 사람이 될 수도 있다는 걸 알고 계십니까?" 그는 알고 있다고 했다. 그리고 과거 자신의 행동이 불법이라는 걸 알았다면 추진하지 않았을 거라고 덧붙였다. 나는 곧장 원고를 쓰기 시작했다.

우리 두 사람은 분명 꽤 강력한 조합이었다. 클린턴이 마침내 그 조약에 사인하기로 결정한 것이다. 그것은 대통령으로서 그의 마지막 공무 중 하나가 되었다.

하지만 유감스럽게도 다음 대통령인 조지 W. 부시는, 미국은 더 이상 조인국으로서의 의무를 이행하지 않겠다고

---

1 1998년 7월 이탈리아 로마에서 개최된 UN 전권외교회의에서 채택되어 2002년 7월 1일 발효된 '국제형사재판소에 관한 로마 규정Rome Statute of the International Criminal Court'을 이른다.

했다. 2002년 7월, 60개 국가가 로마 규정에 비준하여 ICC가 설립되었지만, 미국은 비준국들 중 하나가 되지 못했다.

비록 공식적인 직위를 가진 적은 없었지만(근사한 일이다. 누구에게도 돈을 받지 않는다는 건, 누구도 나를 해고할 수 없다는 뜻이니까), 나는 비정부기구 대표로서 유엔 출입증을 얻었다. 적어도 백 번쯤 회의에 참석했고, 최소한 천 명은 되는 외교관들이 침략은 명확하게 정의 내릴 수 없다고 말하는 것을 들었다. 완전 엉터리 헛소리였다. 반대표를 던질 구실을 찾기 위해, 그들은 침략에 대해 어떤 정의를 내놓든 사사건건 트집을 잡았다. 가장 어려운 것들 중 하나는 상설 국제재판소에 반대하는 미국의 정책이었다. 어느 나라든 국제재판소에 소송을 제기했다가는 미국의 원조가 끊길 것이었다. 힘이 있는 자들은 언제나 그 힘을 제지하려는 이들을 겁내는 것이다.

　미국이 국제재판소의 가장 강력한 반대자였다면, 가장 강력한 지지자는 미국에서 가장 존경받는 법학자 로버트 잭슨 판사였다. 그는 ICC가 주재하는 몇몇 국제군사재판에 참석하기도 했다. 의견 분열은 오늘날에도 존재한다. 우리 삶에 변화를 가져오는 것들은, 크든 작든 대부분 반대에

　　　　　　　　　　　끈기에 대하여

부딪힌다. 사람들은 대체로 변화를 싫어하며, 변화에 위협을 느끼곤 한다. 우리의 말이 너무나 명백해서, 그런 우리 의견에 반대하는 의견이 마치 '잔디는 분홍색, 하늘은 노란색'이라고 말하는 것처럼 들릴 때도 있겠지만, 반대 의견은 언제나 있게 마련이다. 이 사실을 받아들이고 그런 일이 일어났을 때 화를 내느라 에너지를 낭비하지 말아야 한다. 대신 그 에너지를 우리가 하려는 일에 더 쓰면 되는 것이다.

현재 그런 미국 정부 측 인사들은 아마 그렇게 말할 것이다. "무슨 재판소? 그런 건 없다니까." 또한 이 문제에 대해 얼마나 아는지는 모르겠으나, 대통령 역시 늘 그랬듯 결국 살인 쪽으로 돌아가는 주위 보좌관들 말에 귀를 기울이겠지만, 나는 내가 하고자 하는 일에 동조하는 백악관 사람들과 계속해서 접촉해왔다. 사람을 죽이는 일은 절대 내가 생각하는 길이 아니고, 앞으로도 아닐 것이며(나는 종군 기념 청동 성장을 다섯 개 받은 전투병이다) 나와 의견을 같이하는 이들도 많다. 나 역시 언제든 어떤 의견에 반대할 수 있듯이, 나처럼 생각하는 이들도 있는 것이다. 그런 이들을 찾아 친구가 되고, 우리를 지지하게 만들고, 서로에게 의지하면 된다.

2000년대 후반, 아르헨티나 출신의 ICC 검사장 루이스

모레노 오캄포가 나한테 전화를 걸어왔다. "벤, 우리의 첫 사건을 종결지을 예정입니다. 당신이 검찰 측 최종진술을 해주었으면 합니다." 국제형사재판소의 첫 재판을 뉘른베르크와 연결하려는 것이었다. 소년병을 강제 징집한 콩고 민주공화국의 반군 지도자 토마스 루방가 다일로를 상대로 한 사건이었다. 결국 그는 유죄 판결을 받았고, 내가 알기로는 지금도 교도소에 있다. 그것은 작은 승리였다. 그런 엄청난 범죄를 저지르는 사람은 누구라도 재판을 받지 않고는 빠져나갈 수 없다는 사실을 증명하기 위한 시도에서 한 걸음 앞으로 나아간 것이다. 장애도 많았고 실수도 없지 않았지만(성장통이라고 해두자) 뭔가를 이루기 위해 몇 년 혹은 수십 년 동안 애쓰고 있는 사람이 있다면, 국제형사재판소가 만들어졌다는 사실만으로도 힘을 낼 수 있기를 바란다. 아직 일어나지 않았다고 해서 그 일이 일어나지 않는다는 뜻은 아니다. 처음부터 완벽하길 기대해서는 안 된다.

현재 시스템으로는 분쟁을 해결할 수 없다. 가령, 한 나라의 지도자가 다른 어떤 나라의 지도자와 의견이 일치하지 않을 때, 그들은 A 국가에서 젊은이들을 데려다가 알지도 못하고 어떠한 피해도 끼치지 않은 B 나라의 젊은이들을 죽이라고

끈기에 대하여

보낸다. 그들은 지칠 때까지 계속해서 서로를 죽이다가 멈추고는 각자 승리를 선언한다. 그러고는 또다시 시작되는 것이다. 최근에 발행된 〈뉴욕타임스〉의 또 다른 칼럼에서, 나는 대통령 명령에 따라 미국이 우리와 전쟁 중이지도 않았던 한 나라의 중요한 군사 지도자[2]를 '제거했다'는 미 정부의 발표에 대해 썼다. 비윤리적인 이러한 행동은 명백한 국내 및 국제법 위반이며, 대중은 진실을 알 권리가 있다. 법보다 전쟁을 더 좋아하는 듯한 이들의 마음과 생각이 바뀌지 않는 한, 우리는 심각한 위험의 한가운데에 있는 것이나 다름없다. 진실에 대해 이야기했던 앞의 이야기를 참조하자면, 진실에 아무도 귀 기울이지 않는다고 느껴질 때에도 우리는 그 진실에 대해 끊임없이 말해야 한다. 그것은 우리 자신과 우리 양심에 대한 의무이다.

내가 연구한 바로는, 전쟁의 주요 원인은 세 가지다. 그 첫 번째는 종교다. 사람들은 자기가 믿고 있는 신이 위협받는다고 느끼면 기꺼이 죽이고 죽는다. 두 번째는 민족주의다. 사람들은 자신의 국가가 위협받는다고 느끼면

---

2 이란 혁명수비대IRGC 정예군인 쿠드스군의 전 사령관인 가셈 솔레이마니, 시리아 내전과 이슬람국가IS 격퇴전에 참여하는 등 중동 지역에 큰 영향력을 행사해왔다. 2020년 1월 3일 이라크 바그다드 공항에서 미국의 공습으로 사망했다.

역시 기꺼이 죽이고 죽는다. 세 번째 이유는 경제적인
상황이다. 아내와 아이들을 먹여 살릴 수 없게 되면,
사람들은 기꺼이 죽이고 죽는다.

　소년 다윗이 거인 골리앗을 쓰러뜨린 이후, 우리는 돌을
던지는 것이 대단한 일이라고 생각해왔다. 총으로 이념을
죽일 수 없다는 사실을, 여전히 깨우치지 못하고 있다.
일단 쳐들어가 적의 절반을 죽이면 승리하는 것이라고,
우리는 생각한다. 정말 바보 같은 생각이지만 이런 생각은
여전히 만연해 있다. 지금 이 순간에도 수십 개 나라들이
서로를 죽이고 또 죽고 있다. 르완다처럼, 때로는 같은
피부색과 같은 교리를 가진 사람들이 단지 종파가 다르다는
이유만으로 서로를 살해하기도 한다.

　무고한 시민들을 죽이는 것으로는 문제를 해결할 수 없다.
배후에서 영향력을 행사하는 이들은 따로 있다. 특히 지금과
같은 가상현실의 시대에, 다음 전쟁은 아마도 마지막 전쟁이
될 것이다. 이 지구의 최후가 되는 것이다. 우리는 모두
최대한 어릴 때부터 전쟁을 규탄해야 한다. 어떻게 할 수
있을까? 한 마디로, 천천히.

　국제형사재판소를 만들기 위해 운동을 시작했을 때,
나는 내가 살아 있는 동안 그것이 완벽하게 기능하는 것을
보기란 쉽지 않을 것임을 아주 잘 알고 있었다. 긴 시간

인정받아온 어떤 것을 바꾸는 데는 온 생애 이상의 시간이 걸린다. 하지만 조금이라도 나아질 수 있다면, 이 큰 바위를 언덕 위로 조금만 더 밀어올릴 수 있다면, 나는 그것으로 충분했다. 여기에서 세 가지 가르침을 얻을 수 있다. 첫째, 비록 그 결과물을 직접 보거나 보상을 얻지 못하더라도 할 만한 가치가 있는 일들이 있다. 다른 사람들에게 이로운 일들을 하고자 하는 것은 숭고한 목표이며, 다음 사람들을 위해 애쓰는 것은 당연한 일이다. 꼭 우리가 세상을 떠난 뒤뿐만이 아니라, 직장을 떠나거나 단체, 학교를 떠난 뒤에도 마찬가지다. 우리가 이루어낸 것들을 물려받을 이들을 위해 행동해야 한다. 둘째, 인간은 섬이 아니다. 혼자서 모든 것을 다 할 수는 없다. 팀과 공동체, 친구들은 지속적이며 영원히 변치 않을 성공으로 가는 열쇠다. 그리고 셋째, 빨리 해내려 애쓸 필요는 없다. 토끼와 거북의 우화를 떠올려야 할 것이다. 좋은 일들이 모두 빨리 이루어지는 것은 아니며, 빠르다고 해서 그것이 성공을 보장하는 것은 아니다. 변화를 모색하는 일에 나는 절대 지치지 않는다. 그럴 만한 가치가 있다고 생각하는 일이라면, 바꾸려 하는 것이 무엇이든 그것 때문에 지쳐서는 안 된다. 전쟁에 대한 사람들의 생각을 바꿀 수 있다는 희망 덕분에, 나는 거의 75년 동안 버텨올 수 있었다.

변화에 걸리는 시간은, 우리가 바꾸려 하는 것이 얼마나 오랫동안 그 자리에 고착화되어 있었느냐에 달려 있다. 수세기 인정받아온 어떤 것을 한 사람의 일생 동안 바꾸는 것은 당연히 어려운 일이다. 우리 문화에 너무나 깊이 뿌리박혀 있어 알아차리지 못했을지도 모르겠지만, 우리 인간은 여전히 전쟁을 찬미하고 있다. 퍼레이드를 하고 깃발을 펄럭이며 군대 행진을 하면서 말이다. 나는 7월 4일 미국의 독립기념일 행사에는 절대 가지 않는다. 사람들의 환호 속에서 공중에서 터지는 축포의 눈부신 불꽃이 내게는 너무나 끔찍하다. 나는 포화 속에서 살아남았고, 눈앞에서 무고한 사람들이 그 포탄에 죽어갔다. 대체 무엇을 축하한단 말인가? 좋은 사람은 어떤 사람이고 나쁜 사람은 또 어떤 사람인가? 아돌프 히틀러는 이 세상을 좋은 것과 나쁜 것으로 나누고, 그의 조국에 '독일인이 가장 위대한 민족'이라고 말했다. '독일이 모든 것 위에 군림한다Deutschland über alles.' 그는 실제로 그렇게 믿었다. 그는 지금 어디에 있는가? 나치는 수백만 명의 목숨을 빼앗았지만, 그 대가는 도대체 어떤 것이었는가? 현재 독일 정부는 나와 생각이 거의 비슷하다. 서독 정부는 (한때 적이었던) 나에게 독일 최고시민상을 수여했다. 나는 독일의 영웅들을 죽게 한 사람이고, 보상 프로그램을 억지로 그들의 목구멍에 밀어 넣은 사람인데 말이다.

제 나라가 가장 위대하다고 말하는 지도자와 그 국민들, 제 나라가 최고가 되기를 바라는 지도자와 국민들은 편협한 이들이다. 모두가 평화롭게 공존하는 곳이야말로 멋진 세상이다. 그게 아니라면 아무 소용이 없다. 제 나라를 위대하게 만드는 것만 신경 쓰는 사람들은 운동장에서 자리다툼을 하는 철없는 아이들과 다르지 않으며, 하나로 멋지게 통합된 세계는 불가능하다고 말하는 이들은 아무런 비전이 없거나, 현재에 이익을 취하고 있는 자들이다.

나는 이제 백 살이 되었고, 내가 목격해온 진전들에 정말이지 감사한 마음이다. 일어나지 않을 거라고들 했던 일들이 일어나고 있고, 그것들은 조금씩 더 발전하고 있다. 이제는 세계 곳곳에 인권을 보호하기 위한 모든 종류의 법들이 있고, 아직 완벽하게 시행되고 있지는 않아도 ICC를 포함한 여러 재판소들이 있다. 만족스러운가 묻는다면 물론, 아직 아니다. 하지만 결국 만족스러운 결과를 만들 것인가 묻는다면, 물론 그럴 것이다. 우리는, 내가 상상했던 것보다 훨씬 더 멀리까지 왔다. 전 세계 모든 대학에서 국제법과 인권법을 배우고 있다. 내가 로스쿨에 다닐 때는 없던 과정이다. 과거 미국의 헌법은 여성에게 투표할 권리도, 사유재산을 소유할 수 있는 권리도 주지 않았다. 하지만 지금은 여성과 유색인종이 선거에 출마하고 있으며 또 대통령에 선출되고 있다. 진보는 현실인 것이다. 대중의 정서가 이랬다저랬다 하는 것은 걱정할 필요가 없다. 중요한 것은 어떤 흐름이다.

다시 ICC로 돌아가보자. 현재로서는 국제재판소를 좀 더 빨리 돌아가게 하기가 쉽지 않다. 많은 용의자들, 그리고 그 공범자들이 심각한 범죄가 자행되고 있는 나라들의 책임자이고, 때문에 조사를 하는 데 어려움이 따를 뿐 아니라 증거나 증인을 확보하기도 쉽지 않다. 하지만 이런 재판소가 있다는 사실 자체만으로도 큰 성공이라 할 수 있다. 소송에 어려움이 따르는 것은 놀랄 일이 아니다. 들여다보면 어려운 환경 속에서도 묵묵히 최선을 다하는 사람들이 있다. 재판소의 존재를 인지하고 이를 없애려 애쓰는 사람들이 있다. 두려움 때문이다. 하지만 기소를 보장할 수는 없다 해도, 최소한 기소의 위협을 가할 수는 있다. 우리에겐 이미 많은 사건에 권한을 갖고 있는 재판소가 있고, 어떤 것들이 받아들여지고 또 어떤 것들이 받아들여지지 못하는지 판례를 만들어가고 있는 것이다.
　전쟁 범죄를 저지르는 많은 국가 원수들이 과연 자신이 법정에 서게 되지는 않을까 걱정하기 시작했다. 지금까지

강대국들이 크게 우려하지 않았던 것은 그들이 핵무기를 보유하고 있기 때문이었다. 하지만 핵무기가 있건 없건, 세계 지도자들에 맞서 싸우는 것이 그리 어려운 일은 아니다. 왜냐하면, 내가 옳기 때문이다. 내가 어떻게 대통령 같은 사람을 상대할 수 있겠는가? 어렵지 않다. 진실을 말하면 되는 것이다. 내가 하는 일을 믿고 있으면 두려울 것이 없어진다.

상대를 배려하고 존중하면 나 역시 같은 대접을 받게 마련이다. 하지만 우리는 날마다 이 일에 실패한다. 뉴스만 봐도 알 수 있다. 피부색이 다르다고 사람을 죽이거나, 교육을 못 받게 하거나, 특정 집단을 증오해서는 안 된다. "서류가 제대로 갖춰지지 않았습니다. 아이는 우리가 돌볼 테니, 여기서 나가십시오." 그런 말로 품에 안겨 있던 갓난아이를 억지로 떼어내며 목숨을 걸고 겁에 질려 도망쳐온 나라로 아이 엄마를 쫓아내서는 안 된다. 문명 세계에서 그런 일이 일어나서는 안 된다. 겉으로는 대부분 이에 동의하면서도 실제로는 다들 몸을 사린다. 하지만 우리는 문명인이다. 인간적인 것에 관한 한 '만약'이나 '그러나'는 없다. 권력자들이 이를 인정하게 하려는 투쟁은 계속되고 있다.

이루고 싶은 것이 무엇이든 당장 달성하지 못하더라도

걱정하지 말고, 바통을 넘겨받을 이들이 제대로 듣고
있는지만 확실히 해두면 된다. 몇 년 전 어떤 강연을 할
때였다. 강연장은 젊은이들로 꽉 차 있었고, 박수갈채가
쏟아져나왔다. 대중을 일깨울 수 없다는 전제는 옳지 않다.
신경 쓸 것들은 너무나 많고, 젊은이들 대부분은 정치에까지
관심을 둘 시간이 없다. 이들에겐 다음 풋볼 경기나 멋진 춤
생각이 먼저일 수도 있겠지만, 멈추지 말고 계속해야 한다.
미래는 그들의 것이다. 젊은이들이 나서게 된다면, 누구도
그들을 막을 수 없을 것이다.

　또한 이미 다 컸다고 뒤쪽으로 물러나 있는 우리들 역시
멈추어서는 안 된다. 누구도 우리의 시간이 끝났다고 말할
수 없게 해야 한다. 무언가에 대한 열정을 가지고 그 불씨를
꺼뜨리지 않는다면 누구라도 계속 앞으로 나아갈 수 있다.
나는 결코 지워지지 않는 끔찍한 공포를 목격했고, 그것은
내 양심에 대한 의무이다. 나는 모두에게 좀 더 인간적인
세상을 만들기 위해 계속 노력할 것이다. 나이 때문에
내가 많이 지쳤을 거라고, 냉소적인 사람이 되었을 거라고
생각할지도 모르겠다. 하지만 사실 나는 점점 더 힘이 나는
기분이다. 내 안의 이 불길이 더 멀리 퍼져나가기만을
바랄 뿐이다. 그러니 부디 긍정적으로 생각하기를. 우리를
괴롭히는 것이 무엇이든, 그것이 얼마나 심각해 보이든,

우리는 충분히 극복할 수 있다. 우리는 틀림없이 더 열악한 상황에서도 살아남을 것이다. 이 역시 내가 말하고 싶은 것이다.

그리고 또 하나 기억해야 할 것이 있다. 만족할 만한 답을 구하지 못하더라도, 우리는 조금은 더 바위를 언덕 위로 밀어올릴 수 있다. 조금만 더 힘을 내면 된다. 좀 더 많은 글을 쓰고, 더 공부하고, 우리의 메시지를 퍼뜨리는 것이다. 더 많은 사람들을 설득하고, 절대 포기해서는 안 된다. 어느 날 우리는 산 정상에 서 있게 될 것이다.

미래에 대하여

이 책의 제목이 지금처럼 붙은 것은, 이제 백한 살이 된 나에게 아마도 이것이 마지막 책이 될 것이기 때문이다. 할 수만 있다면 어떻게든 앞으로 101년을 더 살아서, 이 이야기들이 '마지막 인사'가 되지 않게 하겠지만 말이다. 내가 스스로에게 관대하다고들 하니, 앞으로도 계속 그럴 생각이다.

하지만 이제 이 책의 마지막 장이니, 적어도 지금은 이것들이 내 마지막 인사가 되겠다. 이 책을 읽는 독자들이 앞으로 나아가는 데, 오래도록 행복하고 건강한 삶, 의미 있는 삶을 살아가는 데 도움이 되기를 바란다. 여러분의 백 번째 생일이 정말로 기대된다.

건강과 체력에 신경 써야 한다. 나는 하루도 거르지 않고 수영을 했다. 운동에는 영 재능이 없다고 걱정하는 이가 있다면, 물과는 전혀 친하지 않았던 내 얘기가 도움이 될 것

같다. 학교에 다닐 때, 적십자 인명구조 시험을 통과해야
했는데, 테스트 중 하나가 물 위에서 몇 분 동안 움직이지
않고 떠 있어야 하는 것이었다. 수영 선생에게 나는 물에
뜨지 못한다고 하자, 그는 말했다. "말도 안 되는 소리.
사람 몸은 부력이 있어서 다 뜨게 되어 있다고." 그는 직접
증명해 보이겠다고 하더니, 나를 수영장 한쪽으로 데리고
갔다. 그러고는 깊게 숨을 들이마시고, 무릎을 가슴 앞에서
끌어안고 그대로 앞으로 구르면서 물속에 들어가라고
했다. 그는 내가 마치 코르크처럼 물에 뜰 거라고 장담을
했다. 시키는 대로 했지만, 나는 이미 경고한 대로 곧장
수영장 바닥에 머리를 박으며 그대로 가라앉고 말았다.
수영 선생이 물에 못 뜨는 사람은 내가 처음이라고 하기에,
나는 침착하게 머릿속에 돌들이 들어 있어서(자주 듣던
말이었다) 그렇다고 알려주었다.

　순간 무슨 생각이 떠올랐는지 수영 선생은 갑자기
나한테 바나나를 좋아하냐고 물었다. 내가 그렇다고
대답하자, 그는 학기말에 워터 쇼를 할 텐데 그때 내가
잊지 못할 역할을 맡게 될 거라 했다. 바나나를 가지고
일단 물속으로 뛰어들어 바닥까지 가라앉은 다음, 바나나
껍질을 벗겨 입안에 넣고 물을 뿜은 뒤, 청중을 향해 바나나
껍질을 흔들며 수면 위로 올라오는 것이 내가 할 일의

전부였다. 나는 그렇게 했고, 깜짝 놀란 관중들의 환호성이
쏟아져나왔다. 대단한 쇼였다.

몇 년 후, 파리의 한 작은 식당에서 점심을 먹고 있는데
옆 테이블에서 누군가가 계속 쳐다보는가 싶더니 마침내
그가 다가와 말했다. "혹시 베니 씨?" 내가 하고 있는
일들을 알아봐주는 건가 싶어 기쁜 마음에 나는 얼른
그렇다고 대답했다. 그는 내 등을 찰싹 치며 말했다. "이야,
마지막으로 봤을 때 자넨 발가벗고 3미터 아래 물속에서
바나나를 먹고 있었는데 말이야."

요즘 나는 매일 아침 20분 정도 걸리는 나만의
운동법을 만들어 그대로 따르고 있다. 가능한 한 모든
근육을 쓰려고 애쓴다. 아침에 일어나면 제일 먼저 기지개를
길게 편 다음, 등을 대고 누워 하늘 자전거를 탄다. 그런
다음 윗몸일으키기를 스물다섯 번 한 후 침대에서 일어나
문을 열어 날씨를 확인하고, 깊게 심호흡을 해서 폐에
쌓여 있던 묵은 공기를 뱉어낸다. 스물다섯 번씩 깊게
들이마셨다가 다시 깊이 내뱉는 것이다. 동시에 몸을 반쯤
굽히고 다시 사분의 일쯤 몸을 더 낮추면서 하늘을 나는
새처럼 양팔로 크게 날갯짓을 한다. 이웃들이 보면 아마
틀림없이 내가 미친 거라고 생각할 것이다.

라디오를 켜고 또 무슨 말도 안 되는 사건들이 벌어졌는지

미래에 대하여

들으면서 무릎운동을 한 다음에는, 바닥에 배를 깔고
엎드려 바보처럼 발을 뒤로 차올린다. 그리고 마지막으로
팔굽혀펴기를 하는데, 전에는 백 개씩 했지만 지금은
일흔다섯 개로 줄여서 하고 있다.

담배와 술, 소화가 잘 안 되는 무거운 음식은 몸에 좋지
않다. 물론 다들 이미 알고 있겠지만.

맑은 정신을 유지하기 위해서는 잠을 잘 자는 것이 아주
중요하다. 나는 보통 여덟 시간에서 열 시간 정도를 자는데,
다행히 수면 장애를 겪은 적은 한 번도 없다. 이따금 그런
끔찍한 전쟁을 목격하고도 어떻게 그렇게 잘 수 있느냐는
질문을 받곤 하는데, 대답은 간단하다. 지칠 대로 지쳐서
정신을 잃듯 곯아떨어지는 것이다.

뭐든 해보아야 한다. 입대 전 신체검사를 받을 때 의사가
몸에 특별한 문제는 없는지 묻기에, 위산 과다라 음식을
잘못 먹으면 종종 복통을 일으킨다고 했더니 부적격 판정을
내리려 했다. 군대에서는 나한테 맞는 음식만 먹을 수는
없다는 것이었다. 굉장히 실망했지만, 나는 일단 해보겠다고
했다. 안 되면 나중에 언제든 나를 돌려보내도 좋다고

말이다. 그리고 나는 살아남았다. 뭐든, 언제라도 일단
시도해보아야 한다. 우리는 우리가 생각하는 것보다 훨씬 더
잘 해낼 수 있다.

삶은 완벽할 수 없다. 게다가 참혹하거나 고통스러운 일을
겪었다면 늘 진정으로 행복하기는 어렵다. 하지만 우리는
그때그때 현재에서 만족할 만한 것들을 찾을 수 있다.
나는 충만한 삶을 살았고, 건강도 나쁘지 않다. 훌륭한
아내가 있었고, 사회에 관심을 기울일 줄 아는, 잘 교육받은
아이들도 넷이나 있다. 병원에 있거나 교도소에 있는
아이들은 없다. 모두 나를 운 좋은 사람으로 만들어주는
것들이다. 찾아보면 그렇게 우리를 운 좋은 사람으로
만들어주는 것들이 있다.

나를 움직이게 하는 책들을 읽어야 한다. 나는 논픽션을
좋아하는데, 그중에서도 종교에 관한 책을 특히 좋아한다.
하지만 가장 좋아하는 책은, 믿거나 말거나, 톨스토이의
《전쟁과 평화》이다. 전쟁이 끝났을 때 나는 스위스에서
휴가를 보내고 있었는데, 우리 부대가 급작스럽게
철수해버렸다. 그래서 아는 사람이 아무도 없는 배를 얻어
타게 되었는데, 그들은 나한테 온갖 허드렛일을 시키려

했다. 그때 나는 계단참 아래 숨어 《전쟁과 평화》를 읽곤 했다.

열정을 품어야 한다.

유행을 좇지 말고 나만의 것을 만들어야 한다. 요즘 아주 훌륭한 도우미가 나를 보살펴주고 있는데, 어느 날 내가 한쪽에는 검은색 신발을, 다른 한쪽에는 빨간색 신발을 신고 나가겠다고 하자 그녀가 안 된다고 했다. 나는 말했다. "왜 안 되죠? 난 그저 이 신들이 아주 좋은 것들이라는 걸 알려주고 싶을 뿐인데. 왜 꼭 짝을 맞추어서 신어야 하지?"
만약 내가 영화배우였다면, 그렇게 신고 외출하는 나를 보고 다들 빨간색과 검은색이 한 켤레로 된 신을 사러 나갈 텐데 말이다.

미래는 예측이 불가능하며, 잘 짜여진 계획도 어긋나게 마련이다. 지평선에서 눈을 떼서는 안 된다. 하지만 무엇보다 중요한 것은 현재다. 손은 잠시도 운전대를 놓아서는 안 된다. 그러면 미래는 알아서 굴러가게 되어 있다.

은행에 돈을 쌓아두고 죽어서는 안 된다. 그게 다 무슨
소용이겠는가? 어려울 때를 대비할 수 있는 정도면
충분하다. 나머지는 가족들과 나누고, 가능하다면
자선단체에 기부하면 된다.

실패는 마음의 상태다. 실패는 막다른 길이 아니라 성공으로
가는 길에 놓여 있는 장애물이라 여겨야 한다. 장애물에
걸려 넘어지면 곧장 일어나 계속 가면 된다. 그리고
다음번에 또 같은 장애물에 걸려 넘어지지 않기 위해 해야
하는 일들을 하는 것이다.

누구든 절대 조국을 위해 죽겠다고 말하게 해서는 안 된다.
그건 바보 같은 짓이다. 조국을 위해서 살기를 원해야 한다.

유죄가 입증되기 전까지는 누구나 무죄라고 생각해야 한다.

정치인을 믿어서는 안 된다. 그들은 원래 재선에 더
관심이 있는 이들이며, 이 목표에 무척이나 욕심을 낸다.
정치를 하는 모든 사람들이 부패했다는 게 아니다. 어떤
위치에서든, 자신이 할 수 있는 것이 무엇이든, 끝까지
싸우는 이들도 없지 않다. 하지만 많은 이들이 저 자신이

미래에 대하여

우선이고, 공공의 이익은 훨씬 아래쪽에 둔다. 정치인들에게 계속해서 그들의 행동에 대한 책임을 물어야 한다. 우리가 뽑은 이들이라면 더욱 그래야 한다.

실연의 상처는 어떻게 치유해야 할까? 내 대답은, 어떻게 평화로운 세계를 만들 수 있냐는 질문을 받았을 때와 다르지 않다. 이 두 질문에 답하려면 열 권이라도 책을 쓸 수 있지만, 단 한 단어만으로도 가능하다. 천천히.

아무리 심각한 상황이라도 재미를 찾는 것이 중요하다. 나는 하루하루가 즐겁다. 짐작했겠지만, 나는 남들을 웃기는 것이 좋다.
　심지어 뉘른베르크에서도 즐거운 시간을 보냈다. 나는 끝없이 공짜 맥주를 만들어내는 사람으로 유명했다. 전쟁 범죄 담당 수석 자문단의 법률가들은 모두 재판소에서 16킬로미터 정도 떨어진 한 별장에서 생활하고 있었는데, 우리끼리는 그곳을 돌려서 '독신자 숙소'라고 불렀다. 식사만 제공되었다면 꽤 괜찮은 곳이었다. 나머지 다섯 법률가는 이 문제를 해결하기 위한 적임자로 나를 뽑았다. 나는 일단 수송부輸送部에 전화를 걸어 상병에게 지프를 한 대 보내라고 지시했다. 처음엔 좀 세게 나오기에,

나는 당신들 때문에 테일러 장군의 참모진들이 굶주려도 괜찮겠냐고 말했다. 그렇게 나온 지프를 타고 군수 장교의 창고로 가서, 새로운 장교 식당에 음식을 배급받기 위해 몇 가지 양식을 작성했다. 그중 이용자의 숫자를 묻는 문항이 있었다. 내가 정직하게 여섯 명이라고 대답하자 당직 중이던 병장이 말했다. "죄송하지만, 최소 인원이 스물다섯 명입니다. 도와드릴 수 없겠습니다."

30분 후면 당직 병장의 교대 시간이라는 것을 알았기에 나는 일단 고맙다고 인사를 하고는 자리를 떠났다. 30분 동안 차를 타고 돌아다니다가 다시 돌아가, 다음 당직 병사와 인사를 나누었다. 이용자가 몇 명이냐는 질문이 돌아왔고, 정직한 나는 이렇게 대답했다. "상황에 따라 다릅니다만, 최소 인원만큼만 주십시오. 더 필요하면 말하겠습니다." 그걸로 문제는 해결되었다. 나는 여유 있는 배급을 보장받았다.

그중 맥주는 뉘른베르크의 지역 양조장에서 직접 받아 가야 했는데, 나는 미 육군이 압수한 나치 사령관의 대형 지프를 타고 있었다.

스물다섯 명의 군인들에게 허락된 맥주가 정확히 몇 배럴이었는지는 기억나지 않지만, 어쨌든 여섯 명이 고주망태가 되도록 마실 수 있을 정도는 되었다. 하지만

미래에 대하여

양조장은 거대한 공장이었고, 혼자 힘으로 그렇게 많은
맥주를 가져올 방법이 없었다. 그러다가 양조장에서
맥주통을 수레에 실어 지역의 술집들에 배달한다는 것을
알게 되었다. 나는 숙소에서 제일 가까운 술집을 찾아내어
주인과 거래를 했다. 양조장에는 우리 맥주를 그쪽에
가져다달라고 해놓았고, 술집 주인은 내가 가지러 갈 때까지
맥주를 병에 옮겨 담아 얼음에 보관해주는 대신 맥주의
절반을 가져갔다.

그렇게 '베니 맥주 유통'이 태어났다. 뉘른베르크에서는
매일 밤 파티가 벌어졌다. 우리는 재판이 시작되기를
기다리고 있었다. 끔찍한 전쟁은 마침내 끝이 나고, 우리는
승리감에 젖어 있었다. 도덕적으로 사회적인 분위기가
바뀌었고, 감시도 없었다. 맥주가 급한 사람은 누구라도
내게 전화를 하면 되었다. 그 요구를 들어주는 것이 내
나라를 위한 일이기도 하다는 생각이 들자, 나는 술집의
파트너에게 전화를 걸었다. '베니가 보냈다'는 암호를 대는
사람에겐 누구든 맥주를 내어주라고 말이다.

나는 기적을 일으킨 사람이라고 소문이 났다.
뉘른베르크에서의 내 인기와 명성은, 가장 짧은 시간 안에
역사상 가장 악명 높은 살인자들을 기소해서가 아니라, 모든
법률가와 그 친구들에게 무제한으로 맥주를 제공하는,

알 수 없는 능력 덕분에 얻은 것이었다.

저 자신의 영웅이 되어야 한다. 내게는 우상이 없었다.
나는 양키 스타디움에서 베이브 루스가 홈런을 치는 걸 본
적이 있다. 모두들 굉장히 흥분했지만, 나는 아니었다. 그가
다른 사람들보다 좀 더 세게 공을 칠 수 있다고 해서 그게
어떻다는 건가? 우리는 모두 우리 자신의 홈런을 치기 위해
애쓰고 있다.

편안한 상태를 유지해야 한다. 평상시 내 차림새는 백수나
다름없다. 넥타이와 재킷, 고급 양복을 나는 작업복이라고
부른다. TV 쇼에서 나는 아주 점잖아 보이겠지만, 보통은
흰 양말을 신고, 헐렁한 바지에 넥타이도 없이 이렇게 앉아
있는 것이다.

너무 심각할 필요는 없다. 내가 처음 출발한 곳에서 지금 이
자리까지 오게 된 것은 순전히 운이 좋아서였다. 그 사실을
너무나 잘 알고 있기 때문에, 나는 아무리 사소한 일에도
불평하지 않는다. 별것 아닌 일들을 괜히 큰 문제로 만들지
않는 것이다. 어떤 상황에든 유연하게 대처할 필요가 있다.

인간으로서 최고의 자질은 진심과 배려와 관용이다. 절대 부끄러운 짓을 해서는 안 된다.

나는 지금 내 책상 위, 아내와 함께 찍은 사진을 보고 있다. 액자 틀에는 '영원히'라고 적혀 있다. 나는 전쟁 내내 그 사진을 주머니에 넣고 다녔다. 사랑하는 이가 더 이상 곁에 없다 하더라도, 어디든 함께해야 한다. 사랑은 영원한 것이니까.

감사의 말

이 책의 토대가 된 인터뷰를 녹음하고 정리하는 데 많은 시간과 노력을 기울여준 저널리스트, 〈가디언〉지 기자인 나디아 코마미에게 감사의 뜻을 전한다. 또한 대중에게 내가 배운 인생의 가르침을 전달하자는 아이디어를 내주고 이 책이 결실을 맺는 데 도움을 준 편집자 에밀리 배럿에게도 감사를 전한다.

무엇보다 법의 보호 아래 좀 더 인간적인 세상을 만들고자 했던 나의 관심에 공감하며 이 책을 읽고 있을 독자들에게 감사하다. 여러분 모두에게 격려의 세 마디를 전한다.

절대, 포기하지 마십시오.

이 책에 쏟아진 찬사

우리는 이 놀라운 인물, 벤자민 페렌츠에게 모두 감사해야
한다. 이 책은 유머러스하게, 냉정하게, 그리고 지혜롭게
그의 이야기를 들려주고 있다. 현재에 그가 이루어낸
것들은, 그의 출발점을 생각하면 마치 옛날이야기의
소재처럼 들리기도 한다. 이 이야기들이 사실이라니,
얼마나 멋진 일인가 싶다. 상황이 더 나빠져본 적이 없다고
생각하는 사람들에게도, 더 좋아질 일이 없다고 생각하는
사람들에게도 큰 가르침이 된다. 그에게 축복을.

마틴 프리먼 영화배우, 영화 〈아이히만 쇼〉

베니에 대해, 그리고 이 놀라운 책에 대해 어디서부터
칭찬을 해야 할지 모르겠다. 어떻게 살아가야 할지 길을
찾는 모든 젊은이들이 읽어야 할 책이다. '벤'은 내가
미리 읽을 수 있는 특권을 누린, 가장 아름답고 감동적인
인물이다.

헤더 모리스 《아우슈비츠의 문신가》 저자

따뜻하고, 지혜롭고, 감동적이다. 세계에서 가장 주목할
만한 사람이 쓴, 우리 시대의 책.

필립 샌즈 《인간의 정의는 어떻게 탄생했는가》 저자

페렌츠는 진정한 생존자이자 선인이다! 그는 유머러스하고
인내하고 감사할 줄 아는 사람이다. 반드시 읽어야 할 책!

에디트 에바 에거 《마음 감옥에서 탈출했습니다: 죽음의 수용소에서도
내면의 빛을 보는 법에 대하여》 저자

한 사람을 통해 삶을 확인시켜주는 아름다운 책이다. 우리가
소중히 해야 할 단순한 진리가 여기에 있다.

바르트 반 에스 《컷 아웃 걸The Cut Out Girl》 저자

단숨에 읽어 내려가는 동안 마치 찰나처럼 느껴졌다.
페렌츠는 큰 짐 없이 가벼운 여행을 떠나려는 이들에게
간단하게, 꼭 필요한 내용들만 정리해주고 있다. 이 책에는
우리에게 꼭 필요한 최소한의 지혜가 들어 있다. 멋진 책.

닐 올리버 BBC 방송 진행자

삶을 긍정하게 하고, 큰 소리로 웃음을 터뜨리게 만드는,
한 시대의 지혜. **웬디 홀든** 《타고난 생존자Born Survivors》 저자

이 책에 쏟아진 찬사

옮긴이 조연주
대학과 대학원에서 문학을 공부했다. 편집자로서 오랫동안 책을
만들어왔고, 몇 권의 책을 우리말로 옮겼다. 옮긴 책으로《리페어 컬처》
《아쿠아리움》《색깔의 여왕》《아저씨, 왜 집에서 안 자요?》
《난민 이야기》《플라스틱 얼마나 위험할까?》가 있다.

101살 할아버지의 마지막 인사

1판 1쇄 2022년 1월 14일
1판 2쇄 2023년 12월 22일

글쓴이 벤자민 페렌츠 • 나디아 코마미 정리
옮긴이 조연주
펴낸이 조재은
편집 김명옥 김원영 구희승
디자인 육수정
마케팅 조희정

펴낸곳 (주)양철북출판사
등록 2001년 11월 21일 제25100-2002-380호
주소 서울시 영등포구 양산로 91 리드원센터 1303호
전화 02-335-6407
팩스 0505-335-6408
전자우편 tindrum@tindrum.co.kr

ISBN 978-89-6372-388-4 (03100)
값 13,000원

잘못된 책은 바꾸어 드립니다.